AF244352

ORAISON FUNÈBRE

DE LOUIS XVI,

SON TESTAMENT EN VERS,

ET QUELQUES AUTRES ECRITS,

SOIT EN PROSE, SOIT EN VERS,

Analogues à l'heureux retour des Bourbons;

PAR M.ʳ JAUNET,

Ancien Secrétaire-général de l'Armée catholique et royale Vendéenne du centre, et présentement Desservant de la Gaubretière (Vendée).

A NANTES,

Chez FOREST, Imprimeur - Libraire , près la Bourse.

1814.

AVIS.

Tous les Écrits, soit en prose, soit en vers, que contient ce livre, ont été inspirés, comme on le verra, par un attachement profond et un entier dévouement à l'auguste et malheureuse famille des Bourbons.

On serait peut-être tenté de révoquer en doute les dates que j'assigne à plusieurs de ces productions, si je ne produisais des preuves à l'appui :

Le *Testament de Louis XVI* fut inséré, en 1793, dans le Journal du Conseil supérieur des royalistes vendéens, qui s'imprimait à Châtillon-sur-Sèvre.

Il n'y avait que trois jours que nous avions reçu la grande nouvelle de l'heureuse restauration de la monarchie, lorsque je donnai lecture de l'ode intitulée : *Chûte de Bonaparte.* Et à qui demandera-t-on ? Au général *Sapinaud* ; à MM. *Duchêne* et *Gaseau*, l'un maire, et l'autre percepteur de la Gaubretière. J'avais commencé cette ode au moment où les alliés avaient passé le Rhin, et je l'avais finie vers la mi-mars, persuadé, comme tout le monde, que le tyran s'ensevelirait sous les ruines de sa tyrannie : je le faisais mourir au champ de bataille ; j'ai été obligé de refaire les huit derniers vers de la seixième strophe, pour les rendre conformes à l'histoire.

Pour les autres pièces de vers, je ne pourrais citer que des personnes sans nom et sans autorité. Ce que je puis affirmer, c'est que l'élégie me fut inspirée au premier aspect de l'estample du *Saule pleureur*, où sont gravées les cinq têtes royales détenues au Temple, et que je vis en 1799, pour la première fois.

Je ne dois pas omettre de déclarer que ces différentes pièces de vers ont été retouchées en général, et augmentées en particulier de ce qui est prophétique.

Puissent mes écrits faire passer dans l'ame de mes compatriotes, mes principes et mes sentimens ! C'est tout le but que je me propose en les livrant à l'impression.

ORAISON FUNÈBRE
DE LOUIS XVI.

Surgentes testes iniqui, quæ ignorabam interrogobant me ; retribuebant mihi mala pro bonis.

Des hommes iniques se sont levés pour me demander ce que je ne savais pas; ils m'ont rendu le mal pour le bien.

PSAUME 34.

MESSIEURS,

QUAND les Bossuet, les Fléchier, les Massillon, entourés des pompes de la mort, déplorant le trépas des princes, qu'ils avaient vu mourir, publiaient avec tant d'éloquence le néant des grandeurs humaines ; que pourront donc dire les orateurs de nos jours, chargés de faire entendre les mêmes vérités, au milieu des catafalques expiatoires , élevés par la piété des Français, au dernier comme au meilleur et au plus infortuné de nos rois? Eh! qu'était-ce, au fait, que la mort de tous ces princes plus ou moins jeunes, plus ou moins recommandables, si ce n'est qu'ils venaient de subir la loi commune à tous les hommes sans distinction d'âge ni de rang ?

Mais, c'est en vain qu'on chercherait ici la

main de la nature : tout est contre ses lois. Je vois la plus terrible et la plus touchante des catastrophes ; je vois les trônes renversés, les sceptres brisés, les diadèmes foulés aux pieds, le bandeau royal déchiré ; je vois un pieux monarque, objet de nos larmes et de nos regrets, non moins malheureux père que roi infortuné ; je vois son fils innocent, un enfant roi qui le suit comme par la main ; je vois l'épouse des rois, la fille et la sœur des Césars ; je vois une princesse du sang royal, douce et noble image de la vertu sur la terre ; je vois quatre têtes augustes frappées du même coup et jetées sans gloire comme sans pitié dans le sein nu de la terre. Autour de ces morts couronnés, je vois des victimes de tout âge et de toute condition ; je vois la France, telle qu'un volcan en fureur, épandre, au loin comme auprès, la terreur, le ravage et la mort ; je vois l'univers en feu ; je vois les empires renversés, les peuples consternés ; je vois les princes les potentats, ou dans le trouble et dans l'alarme, ou réduits a l'exil, ou gémissant dans les fers. Prions le Seigneur, MM., de nous aider à soutenir les violentes émotions que doit exciter dans nos ames le tableau de tant de vicissitudes épouvantables.

Méditant alors sur la cause des événemens,

nous dirons aux rois : *Ouvrez donc maintenant les yeux ; instruisez-vous donc, vous qui jugez la terre.* Nous dirons ensuite aux sujets : *Pourquoi les nations ont-elles murmuré? pourquoi les peuples ont-ils formé des complots?* Qu'ils apprennent donc enfin que, résister à la puissance, c'est résister à Dieu même, c'est provoquer toutes les foudres, tous les carreaux de la vengeance divine.

Qu'avait-il donc fait ce monarque infortuné, pour voir fondre sur lui, comme un torrent impétueux, la rage de ses ennemis? Il avait fait le bien, il ne voulait que le bien, et on lui a constamment rendu le mal pour le bien : *retribuebant mala pro bonis.* Par un exemple unique de générosité, on l'a vu se jeter dans les bras de ses ennemis; alors ils se sont élevés contre lui, et l'ont accusé de crimes dont il ne se doutait pas : *Surgentes testes iniqui, quæ ignorabam interrogabant me.*

Est-ce un panégyrique, MM., est-ce une oraison funèbre que vous attendez? Eh! qu'importe le nom, si je vous donne la chose, si je puis faire briller à vos yeux, dans tout son jour, la belle ame, la grande ame de Louis? Après avoir médité sur une vie si pure, mais en même-tems si traversée, on peut dire en dernière analyse, qu'autant Louis inspire d'amour sur le trône, pour toutes les qualités qui font les bons rois, autant il excite d'admiration par la force et la grandeur d'ame qu'il sait déployer dans l'adversité; et que si sa bonté fut la cause de ses malheurs, ses maux et ses revers sont devenus la source de toute sa gloire.

Tel est l'hommage que nous venons rendre avec l'histoire et la religion à la mémoire de Très-Haut, Très-Puissant et Très-Excellent Prince, Louis XVI du nom, Roi de France et de Navarre.

PREMIÈRE PARTIE.

Les Rois des nations aiment *à dominer*, à s'environner de tout l'appareil de la grandeur. Souvent enivrés de l'encens de la flatterie, ils se persuadent aisément, non pas qu'ils appartiennent au peuple, mais que le peuple leur appartient, comme un vil troupeau à son maître. Ils ne naissent pas toujours avec les qualités qui font les bons rois. Mais Louis semblait né pour le bonheur de la France. Il avait reçu avec le sang ce germe de bonté, appanage de sa royale famille; il fut, de plus, simple et droit, c'est-à-dire sans faste, sans ostentation et sans déguisement; enfin, on peut dire de lui, que le zèle du bien public le consuma. Pourquoi faut-il que tant de zèle ait été si mal apprécié, et que tant de droiture et de bonté n'aient abouti qu'à sa perte !

N'attendez pas de moi, MM., que je m'arrête à vous entretenir de l'esprit de Louis, c'est-à-dire, des rares dispositions intellectuelles que la providence lui départit, des rapides progrès qu'il fit dans les arts et dans les sciences, des monumens de son savoir qu'il nous a laissés, de la présence d'esprit et de la pénétration qu'il fit paraître dans des conjonctures difficiles, au point de remplir d'étonnement et d'admiration les farouches républicains qui en furent témoins : ce soin regarde l'historien prophane et non l'orateur sacré. Je dois vous entretenir de ses vertus, vous peindre sa belle ame, et vous parler d'abord de sa bonté.

Elle fut la base de son caractère. *Puer sortitus animam bonam.* Et cette rare bonté ne se démentit jamais, ni en présence des siens, ni sous les yeux du public.

Dans l'intérieur de sa famille, il fut toujours bon père, bon mari, bon parent et bon maître. Toute la sensibilité de son ame ne se montre-t-elle pas à découvert dans ces tendres épanchemens que la nature, l'amitié, la reconnaissance lui inspirent, lorsqu'il trace sur le papier ses derniers sentimens? Ces serviteurs fidèles, que l'on vit braver la mort et partager ses fers, ne sont-ils pas encore des témoins éclatans de la bonté de Louis pour les siens. Le généreux dévoûment des Clery et des Pierson, en offrant aux serviteurs de beaux et touchans modèles, servira de même à rappeler le bon maître qui sut les faire naître.

La bonté de Louis ne manque jamais de se déceler dans l'occasion. Un jour qu'il prenait le plaisir de la chasse, le cocher qui conduisait sa voiture, impatient d'arriver au cerf qui était cerné, allait traverser un champ de blé; le roi s'en aperçoit, et lui crie: « Arrête, » cocher! j'aimerais mieux renoncer à tous les » plaisirs, que d'en prendre aux dépens du » pauvre; ce blé n'est pas ma propriété : prends » une autre route ».

Combien de fois ne le vit-on pas, se dérobant aux joies et aux délices de la cour, aller chercher le malheureux dans sa chaumière, pour verser lui-même de sa main libérale, mais qui aimait à se laisser ignorer, des secours au sein de l'indigence? C'est ainsi qu'il mettait en pratique les avis du Dauphin son père, qui avait souvent dit en sa présence: » Conduisez » mes enfans dans la cabane du pauvre villa- » geois; montrez-leur tout ce qui peut les at-

» tendrir : je veux qu'ils apprennent à pleurer.
» Un prince qui n'a jamais versé de larmes,
» ne peut être un bon prince ».

Arrivait-il quelque accident, quelque malheur qui parvînt à sa connaissance, sa bourse
n'était plus à lui, mais à l'infortuné. « J'ai
» appris les malheurs qui sont arrivés, écrit
» Louis au lieutenant de police ; je vous en-
» voie tout l'argent dont je peux disposer :
» servez-vous en pour secourir les plus mal-
» heureux ».

La vie publique de Louis ne fait que mettre
au grand jour les mérites de sa vie privée, et
sur-tout sa bonté qui se développera de plus
en plus, à mesure que nous parcourrons le
régne de notre bon roi.

Son premier acte public ne fut-il pas un
trait de bienfaisance, puisqu'en montant sur
le trône, il remit à son peuple le droit de
joyeux avénement ? Tous les actes de son gouvernement, depuis le commencement jusqu'à
la fin, ne portent-ils pas la même empreinte
de bonté ? N'est-ce pas Louis qui a détruit les
restes humilians de la féodalité, aboli les cor-
vées , et accordé le bienfait de la liberté aux
serfs de ses domaines ? N'est-ce pas Louis encore qui fit effacer du code criminel, ces cou-
tumes barbares des siècles d'ignorance dans

les tourmens qu'on faisait endurer aux accu-
sés, qui ne servaient le plus souvent qu'à assouvir la vengeance, exercer la cruauté et
compromettre l'innocent.

Comment ne pas vous rappeler ces paroles
sublimes qu'il avait sans cesse à la bouche,
dans les jours de crainte et d'alarmes, où l'o-
rage grondait déjà si fort sur sa tête auguste :
« Je ne veux pas qu'un seul homme périsse pour
» ma querelle ». Paroles sublimes, qui méri-
tent d'être gravées, en caractère d'or, dans
les annales de la nation, et que Louis mit en
pratique avec une constance héroïque, qui ne
se démentit jamais.

Dans l'émeute du six octobre, triste époque
de sa captivité et de ses malheurs, il empêcha
ses propres gardes de se défendre contre une
populace furieuse, et se laissa conduire dans
la capitale de ses états, comme un timide
agneau au milieu d'une troupe de loups alté-
rés de sang et de carnage.

Pour achever le tableau, pourrais-je oublier
l'arrestation du malheureux monarque à Varennes, où l'on vit un souverain se laisser ar-
rèter et conduire, sans résistance, par trois
simples soldats? Quel spectacle! Qui pourra
le croire? Louis aime mieux se dévouer à la
mort que d'ordonner qu'un seul homme périsse

pour sa personne. Les bras de ses serviteurs sont levés pour le défendre : « *Remettez*, sem- » ble-t-il leur dire, *remettez l'épée dans le* » *fourreau* ». Pourrais-je omettre de vous rappeler ces autres paroles également nobles et sublimes, qu'il adressa à M. de Malesherbes, en apprenant que des sujets fidèles avaient juré d'employer tous leurs efforts pour empêcher l'exécution de l'horrible sentence de mort qu'on venait de prononcer contre lui, ou de périr avec le roi : « Les connaissez-vous, » dit-il à M. de Malesherbes, avec la plus vive » émotion ? retournez à l'assemblée ; tâchez de » les découvrir ; déclarez-leur que je ne pour- » rais leur pardonner, s'il y avait une seule » goutte de sang répandue pour moi. Je n'ai » pas voulu qu'il en fût versé, quand, peut- » être, il aurait pu me conserver le trône et » la vie, et je ne m'en repens pas ».

O desseins impénétrables de la providence divine ! ô bonté vraiment héroïque ! Blâme qui osera cette bonté si touchante ! Taxe qui osera l'héroïsme de pusillanimité ! Qu'ils changent donc le cœur de Louis, qu'ils retrempent donc son ame, ces censeurs impudens, qui condamnent ce qu'ils n'auraient pas la force d'imiter ! Depuis le Sauveur du monde, avait-on vu un exemple aussi frappant de douceur ? Pour moi, je ne vois que la bonté de Louis ; je le vois entraîné par une impulsion aussi noble qu'irrésistible ; j'admire et j'adore les desseins incompréhensibles de la providence.

Louis joignit à tant de bonté, de la droiture et de la simplicité, *erat vir simplex,* qu'il fut loin d'aspirer, comme les ambitieux, après l'instant où il devait s'entendre proclamer chef d'un grand empire ! Il versa un torrent de larmes, en apprenant la mort du roi son ayeul, et comme s'il eût eu quelque pressentiment de l'avenir. « O mon Dieu ! mon » Dieu ! s'écria-t-il en sanglottant, aidez mon » insuffisance ».

Tandis que l'envie et l'intrigue, le mensonge et la duplicité dominaient autour de lui, la franchise et la droiture étaient réfugiées dans son sein, et la vérité reposait sur ses lèvres. En vain le faste et le luxe étalaient à ses yeux leur magnificence ; en vain la mollesse osait lui présenter ses coupes empoisonnées, Louis, toujours simple dans ses goûts, toujours droit dans ses penchans, toujours simple et innocent dans ses plaisirs, simple dans ses manières, dans tout son extérieur, aimait à jouir de lui-même et de sa vertu dans le calme de la vie privée.

C'était dans la solitude, que, méditant sur le néant des grandeurs et le vide des joies humaines, il disait souvent à Dieu, avec le Roi prophète : « *Ce n'est point à nous, Seigneur, ce* » *n'est point à nous, mais à vous qu'appartient* 14. » *la gloire.* » Ou avec l'humble Esther : « *Mon* » *Seigneur, mon Dieu, vous êtes le seul roi* » *tout-puissant ; vous savez comme je déteste* » *ce signe d'orgueil et de gloire que je porte sur* » *ma tête, aux jours d'ostentation* ». Pendant que sa cour retentissait du tumulte des fêtes et des plaisirs bruyans, Louis, seul et solitaire, livrait son esprit à l'étude ou son corps au travail.

Eh bien ! ce roi si débonnaire, ce roi si droit dans sa conduite, irréprochable dans ses mœurs, ce roi orné de tant de qualités dans l'esprit et dans l'ame, on se plaisait à le dépeindre comme un idiot, un homme dur, farouche, inhumain, asservi aux penchans les plus bas. C'est ainsi qu'on lui rendait le mal pour le bien : *retribuebant mala pro bonis.* De vils folliculaires travaillaient à faire du roi un objet de mépris et de risée publique, et cependant le petit fils de Henri, digne émule de ses encêtres, méditait en secret des projets pour le bonheur de son peuple. *Zelatus bonum.* Le zèle du bien public le consumait.

Ce fut l'amour même de la patrie, MM. ; qui monta sur le trône avec le roi. Cicatriser les plaies de l'état, acquitter le trésor public, réformer les abus, alléger le poids des impôts, rendre son peuple heureux, faire renaître les beaux jours de l'âge d'or, voilà quelle fut toute son ambition. Il chercha non à paraître grand, mais bienfaisant, non à faire du bruit, mais du bien, non à rendre son peuple terrible et puissant, mais heureux et humain. Aussi bienveillant que cet empereur qu'on a appelé les délices du genre humain, mais moins heureux que lui, hélas! tous les jours de sa vie lui semblaient perdus, parce qu'il ne pouvait parvenir à faire le bonheur de son peuple. Il avait réduit le luxe de son palais, et composé, pour ainsi dire, avec la magnificence royale ; mais l'axiome qui dit que le monde se compose d'après les exemples des rois, se trouva pour lors en défaut. Les vertus de Louis brillèrent à la cour d'un éclat étranger. Tant de simplicité ne convenait pas à des hommes esclaves de l'orgueil, et jaloux à l'excès de ce vain étalage de luxe et de faste qui ne sert qu'à éblouir les yeux du vulgaire. Ainsi lui rendait-on le mal pour le bien : *retribuebant mala pro bonis.*

Les Parlemens étaient depuis long-tems exilés.

exilés. La voix publique les rappelait. Ils se disaient les amis du peuple : quel titre de récommandation auprès de notre bon roi ! Louis qui jugeait du cœur des hommes par la droiture du sien, croit ne pouvoir rien faire de mieux que de les rendre aux veux des Français. En les rétablissant dans leurs fonctions ; il pense les associer à ses nobles desseins. Mais pendant qu'il disait aux magistrats : Qu'il est beau, qu'il est doux de travailler de concert au bonheur du peuple ! ils semblaient se dire entr'eux : *Renversons, renversons jusque dans ses fondemens* ce trône qui nous offusque. Ainsi lui rendait-on le mal pour le bien : *retribuebant mala pro bonis.*

Les rois ne peuvent tout faire par eux-mêmes : ils ont besoin de ministres et de conseil. Heureux les peuples, heureux les rois qui peuvent et savent s'entourer d'hommes expérimentés et sages ! heureux les états qui sont ainsi gouvernés ! Louis promène ses regards autour de lui ; il appelle des Sully, des Colbert ; mais l'esprit de ces grands hommes paraît mort et avoir été enseveli avec eux dans la nuit du tombeau. C'était le tems des systêmes et des innovations ; il était peu de têtes qui n'en fussent imbues. Les ministres se succèdent avec rapidité, ainsi que les fautes et les erreurs. Le mal croît de plus en plus; les abîmes vont sans cesse en se multipliant, jusqu'à ce qu'ils viennent se confondre dans un gouffre sans fond, où tout devait se perdre et s'anéantir.

Monarque infortuné! tes vœux et tes efforts cherchent des guides sages, et pleins, comme toi, d'un zèle ardent et pur; Mais alors que tu crois recueillir les fruits d'une sagesse consommée, tu ne trouves que des novateurs insensés, dont les perfides essais devaient aboutir à ta perte et au renversement de la monarchie. Hélas! leurs *pensées n'étaient point tes pensées*; ils te rendaient aussi, eux, le mal pour le bien : *retribuebant mala pro bonis.*

Qui ne croirait Louis inspiré d'en-haut, en le voyant s'entourer des grands de son royaume? Que ne devait-on pas attendre de graves personnages, les appuis naturels du trône? On leur propose, au nom du roi, des sacrifices devenus nécessaires : mais envain ; aucun ne veut consentir à la perte de ses privilèges. Ainsi tout concourt à affliger Louis; ses amis même l'abandonnent, et lui rendent encore le mal pour le bien : *retribuebant mala pro bonis.*

Que les pensées de l'homme sont vaines! Que notre intelligence est bornée! Ainsi les chefs de la religion, les premiers de l'état re-

(19)

fusent à la patrie, au meilleur des rois, ce que
l'impiété, la vengeance et la rébellion vont leur
enlever d'assaut. N'y avait-il donc plus de
prophète dans Israël, pour leur dire alors :
« Oh! si vous connaissiez en ce jour, ce qui
» peut vous donner la paix; si vous voyiez
» tous les maux prêts à fondre sur vous! Il va
» venir des jours où des ennemis acharnés vous
» entoureront de toutes parts, et vous serreront
» de près; il va venir des jours, où vous serez
» renversés par terre, vous et vos enfans; il
» va venir des jours, où tous ces privilèges
» dont vous paraissez si vains seront abolis;
» il va venir des jours où vous serez dépouillés
» de tous ces biens dont vous ne voulez faire
» aucune part à la patrie; *il va venir des jours,*
» où vous verrez crouler de fond en comble
» tout ce bel édifice dont vous êtes les pierres
» angulaires; *il n'y restera pas pierre sur*
» pierre. Et pourquoi? *parce que vous n'aurez*
» pas connu à tems votre salut, parce que
» vous n'aurez pas voulu répondre aux vues
» bienfaisantes de votre roi ».

Louis toujours déçu dans ses espérances,
Louis, abandonné des siens, prend le parti
de se rendre en personne au parlement, pour
y faire enregistrer de nouveaux édits sur les
impôts. Que feront ces magistrats comblés des

bienfaits du roi ? Ce qu'ils ont toujours fait : ils lui rendront jusqu'à la fin le mal pour le bien, *retribuebant mala pro bonis*. Les insensés! ils ne savaient pas aussi, eux, qu'ils couraient à leur perte. Ils élèvent la voix contre leur bienfaiteur, leur père, leur souverain; ils parlent d'appel à la nation, et donnent ainsi l'affreux signal de la révolution.

Quelle foule de noirs pressentimens, MM., viennent ici se présenter à nos esprits tout émus! Suspendons-les un moment, s'il est possible, pour suivre jusqu'au bout le zèle infructueux de Louis. Il faut donc vous le représenter venant faire lui-même avec tant de candeur et de droiture, l'ouverture des Etats-généraux, invitant ses sujets, avec toute la tendresse d'un père, à l'aider de leurs conseils et de leurs lumières. « Tout ce qu'on peut » attendre, dit Louis, du plus grand intérêt » au bonheur de mon peuple, vous pouvez, » vous devez l'attendre de votre roi ».

Ame trop magnanime, prince trop débonnaire, vos fidèles sujets entendent votre langage; ils reconnaissent, ils admirent les beaux épanchemens de la tendresse paternelle, mais ils tremblent pour votre personne sacrée. Hélas! que faites-vous? Vous lancez des bêtes féroces, animaux indomptables, qui vont se tourner contre vous et vous dévorer.

Nous savons trop, MM., quel a été le résultat des projets insensés, conçus par des hommes qui se disaient appelés à régénérer la France.

Nous voilà donc arrivés à cette époque, hélas! trop célèbre de nos annales, à ces jours qui devaient être des jours de prospérité, d'abondance et de joie, à ces jours de prétendue réforme, que, par un prestige inconcevable, nous avons tous provoqués, et que chacun de nous voudrait maintenant effacer au prix de son sang, parce qu'ils se sont changés en des jours de misère, de deuil, de désolation et de destruction entière. L'ange exterminateur va *ouvrir le puits de l'abîme*, d'où vont sortir tous les fléaux, toutes les pestes qui désolent la terre dans la colère du Tout-Puissant. La synagogue de l'impiété va mettre à exécution tous les noirs projets qu'elle médite depuis long-tems. Le juste va paraître au tribunal des méchans, pour entendre prononcer contre lui une sentence inique de mort. *Surgentes testes iniqui, quæ ignorabam interrogabant me...*

Soufflez d'en-haut, Esprit divin, inspirez-moi ces accens plaintifs, ces profonds gémissemens que faisait entendre Jérémie sur les ruines de Jérusalem, sa malheureuse patrie. Comment, MM. supporter la vue de tant de maux? La grandeur d'ame et le courage de notre pieux héros, qui vont briller dans tout leur éclat, serviront à nous donner en même-tems de la force et du courage.

SECONDE PARTIE.

Zach. ch. 5. *Lève les yeux*, disait l'Ange au prophète Zacharie, *que vois-tu?..... C'est la malédiction qui se répand sur la terre. Hæc est maledictio. Lève encore les yeux, que vois-tu?..... C'est l'impiété qui est portée entre le ciel et la terre par deux femmes ailées. Hæc est impietas. Elle va dans la terre de Sennaar, pour y établir sa domination.*

C'est la France, MM., qui se trouve ici figurée par la région de Sennaar. L'impiété, sortie du fond des enfers, a déjà choisi et formé un grand nombre d'adeptes parmi nous. Elle travailla d'abord sourdement dans ses antres d'iniquité ; mais bientôt enhardie par le succès, elle osa mettre au grand jour ses infâmes pro-ductions. C'était un vil ramassis de tous les systêmes monstrueux , de toutes les théories extravagantes nées au sein du paganisme. L'impiété usurpa le nom de philosophie. Toutes ses maximes provoquaient le renversement des anciennes institutions. Elle rejetait avec dé-dain les notions de Dieu , de justice éternelle;

de conscience, de vertu, de subordination ; et,
à la place de ces noms sacrés, elle avait subs-
titué le hasard, la nature, la matière, la liberté, l'indépendance, et tout ce qui pouvait
produire la licence et le débordement de tous
les crimes. D'une main, elle présentait avec
ostentation le contrat social et la souveraineté
du peuple, et de l'autre, elle déchirait les
pactes les plus anciens et les plus sacrés. O
prodige d'erreur et d'aveuglement! Les princes
même, les nobles, les magistrats étalaient avec
une folle vanité, dans leurs cabinets, ces livres,
vraies pestes de l'univers. Les philosophes tout
pleins du fanatisme d'une secte naissante, ré-
pandaient avec profusion leurs ouvrages jusque dans les derniers rangs de la société; et le
simple villageois, transformé tout-à-coup en
docteur, ne regardait plus la religion de
ses pères que comme une vaine superstition,
les rois comme des tyrans, et le peuple comme
l'unique souverain. Pourquoi faut-il que Louis,
qui avait tant de droiture et de sagacité, ne
sut pas prévoir le bouleversement général dont
son royaume était menacé ? Pourquoi n'oppo-
sa-t-il pas son nom, son autorité aux complots
des novateurs ? Comment osa-t-il se servir
d'hommes élevés à l'école de la nouveauté,
et imbus de ses principes ? Pourquoi, MM. ?

Je vous répondrai avec un saint roi : *Toute chair est fragile ! tout homme est sujet à l'erreur !*

Les philosophes modernes, féconds en paradoxes, étaient des maîtres consommés dans l'art de la séduction ; c'étaient, pour la plupart, des hommes de génie, qui tenaient embouchées toutes les trompettes de la rénommée ; c'étaient des écrivains brillans, des orateurs éloquens, qui savaient emmieller les bords de la coupe où ils délayaient leur poison , et qui cachaient adroitement les dards du serpent sous des couronnes et des guirlandes ; c'étaient ces *faux christ*, ces *faux prophètes* prédits par le Sauveur du monde , qui devaient *opérer de si grands prodiges*, et *induire les élus même en erreur.* Ainsi donc les semences du mal étaient jetées , les mauvais germes se développaient de toutes parts, toutes les passions s'agittaient, toutes les têtes fermentaient , tous les esprits étaient dans une sorte de délire, lorsque Louis, convoquant les Etats-généraux , appela sur sa tête auguste la tempête et la foudre qui devait le frapper.

Pourrions - nous être maintenant surpris, MM., de voir les Etats-généraux, qui, d'après leur institution primitive, ne devaient être autre chose que le conseil du prince, annoncer dès d'abord tant de prétentions, et finir par dicter des lois au souverain. Chacun en particulier avait puisé dans le Contrat social et autres écrits de la philosophie du jour, la souveraineté du peuple, les droits des nations, les principes de liberté d'égalité, ainsi que tous ces titres d'Assemblée nationale, de Convention, de Représentans du peuple, et autres semblables, qu'ils s'arrogèrent avec tant d'insolence.

Louis seul parut étonné de s'être donné des maîtres, et vit, mais trop tard, les lacs dont il s'était enveloppé. Comme il ne voulait pas qu'un seul homme pérît pour sa querelle, il n'y avait pour lui d'autre remède que la patience et la résignation chrétienne. Une populace mutinée et soudoyée l'avait traîné de Versailles à Paris, entre des haies de piques et de bayonnettes. Le fils de tant de rois se voyait prisonnier avec sa famille, dans le palais des rois même ses ayeux; il n'entendait autour de lui que les vociférations de ses ennemis, cherchant à étouffer la voix de tant d'ombres augustes qui s'élevaient en faveur de la majesté royale outragée. L'assaut nocturne de Versailles, l'arrestation du roi à Varennes, son retour dans la capitale, accompagné de toutes sortes d'amertumes et d'humiliations , tant d'événemens cruels avaient déjà mis en évidence la grande ame et le noble courage de Louis, lorsque les Jacobins préparèrent un nouvel assaut à sa vertu.

Des sicaires féroces, armés de faux, de haches et de tridents, marchent aux Tuileries, en poussant de grands cris, ou plutôt des hurlemens épouvantables. Le roi fait ouvrir les portes du palais : « *Qui cherchez-vous*, leur » dit-il d'un air calme et serein ? Le roi, ré- » pondent les forcenés. C'est moi, répond » Louis ». A ce mot prononcé avec tant de dignité ; à ce mot qui renfermait la vertu du Sauveur du monde, les assassins paraissent interdits et confus ; le silence succède aux cris, à la rage. Les plus barbares, cependant, s'avancent pour présenter au roi le bonnet rouge, signe de sang et d'horreur, qui rappelait cette couronne d'épines présentée à un autre roi débonnaire. Ils osent lui prescrire, en balbutiant, quelques conditions iniques. Louis, toujours maître de lui-même, répond à tout ; la sagesse et la raison qui brillent dans ses paroles, la majesté royale empreinte sur son front, un mélange de douceur et de dignité, de grandeur et de bonté, de patience et de courage, tout en impose à ces cannibales, qui se retirent, étonnés du respect que commandent les rois.

Armons-nous de courage, MM., avec le fils de Saint Louis : le moment fatal approche. Le dix août est arrivé. Le palais est investi de nouveau ; l'enfer a vomi ses furies : d'un côté, elles soufflent la fureur et la vengeance ; de l'autre, le roi ne manque pas de serviteurs fidèles ; des bras sont armés pour sa défense. Une heure de combat peut suffire pour faire tomber ses chaînes. Que fera donc notre roi débonnaire, qui a déjà répété tant de fois qu'il ne voulait pas qu'un seul homme pérît pour sa querelle ? Pourra-t-il se résoudre à voir couler le sang de ses sujets ? Non. Que fera-t-il donc ? *Ecoutez, cieux et terre, et soyez dans l'étonnement!* Il ira se jeter dans les bras de ses ennemis. Tant de noblesse va donc les désarmer ! Le silence et la surprise règnent d'abord dans l'assemblée ; mais ce silence est effrayant : c'est le calme qui précède la tempête. Tout-à-coup des voix terribles se font entendre........ Le roi est suspendu de ses fonctions royales...... Le roi est conduit au Temple...... La royauté est abolie ; le règne de la liberté et de l'égalité est proclamé dans toute la France ; et cependant Louis, ce roi bien-aimé, Louis, le meilleur des rois, Louis, le fils de tant de rois chéris, Louis gémit dans la plus dure captivité : on lui a ravi avec les biens les plus précieux, la douce lumière du ciel, et la consolation de pleurer avec les siens.

Comment est-elle devenue si triste et si déserte, cette cour naguère si brillante et si nombreuse, cette cour la maitresse des nations? Ses amis l'ont abandonnée; ils se sont mis à la tête de ses ennemis. Comment les enfans les plus nobles de Sion, qu'on voyait vêtus de l'or le plus pur, sont-ils devenus comme des vases d'un vil prix? Comment ceux qui couchaient sur la pourpre, sont-ils maintenant étendus sur le fumier? Comment ce nouveau Jéchonias languit-il dans les fers et dans une autre Babylone?

Oui, oui, MM., publions-le à haute voix: Louis était comme transplanté dans une terre étrangère. Sa captivité et sa mort ne furent point l'ouvrage de la nation. Il le savait bien lui-même, lorsqu'il en appela à son peuple de la sentence de mort prononcée contre lui. Hélas! *toutes les voix de Sion pleuraient; les vieillards, couverts de cendres et de cilices, gardaient un morne silence; les vierges, en habit de deuil et accablées d'amertume, cachaient leurs têtes dans la terre.*

O terrible vicissitude des choses d'ici-bas! ô néant déplorable des grandeurs humaines! Les petits-fils de Louis le Grand, ce monar-

que environé de tant de puissance , ont pour palais une obscure prison, pour gardes , les satellites de la mort et de la terreur, et des furies composent toute leur cour. D'épaisses murailles, de hautes tours, des armes menaçantes les dérobent aux regards de leurs sujets fidèles ; mais *les pierres crient* de toutes parts ; *les pierres crient* avec l'enfant royal , qui voit son enfance arrosée de pleurs, et élevée dans le trouble et les alarmes. *Les pierres crient* avec la fille des rois , sa sœur, qui doit échapper seule, par miracle, au massacre de sa famille , pour remonter sur le trône de ses ancêtres, et offrir à l'amour, à l'admiration de la France entière , les. vertus et les traits de ses infortunés parens ; *les pierres crient* avec leur noble et tendre mère ; *les pierres crient* avec la princesse leur tante , qui s'est dévouée à toutes les horreurs de la captivité , pour confondre son sort avec la triste destinée des siens. Ces.touchantes et augustes victimes semblaient crier toutes ensemble :
h. 5. « *La source de la joie a tari dans nos cœurs ;*
» *nos concerts d'alégresse ont été convertis en*
» *chants de deuil. La couronne est tombée de*
i. » *nos têtes. Vous qui avez l'ame sensible,*
» *voyez s'il est douleur pareille à notre dou-*
» *leur* ». Mais Louis, toujours calme toujours

imperturbable, et trouvant en lui-même une paix surnaturelle, ne laissait pas échapper une plainte. Touché seulement des malheurs de sa famille et des maux de son peuple, il se contentait d'adresser à Dieu, de tems en tems, cette humble prière: « *Eloignez, éloi-* » *gnez, s'il est possible ce calice de douleur ;* » *mais, enfin, que votre volonté, Seigneur,* » *s'accomplisse et non pas la nôtre* ».

La royauté est donc abolie. C'est Manuel qui va notifier l'infâme décret à l'illustre captif. Manuel prétend au moins traiter avec son égal ; mais Louis, toujours roi, en dépit de l'envie, plus roi même dans les fers que sur le trône, fait briller aux yeux de l'envoyé de la Convention la majesté royale dans tout son éclat : Manuel en est frappé comme d'un rayon céleste ; il renouvelle en sa personne le prodige de la conversion de Saül ; on voit de nouveau *le loup changé en agneau* ; on voit un forcené républicain, un persécuteur du juste, qui n'avait auparavant que des projets de sang et de vengeance, devenir tout-à-coup l'ami du roi ; on le verra, enfin, laver dans son sang ses fautes et ses erreurs.

Avançons, et parcourons cette voie doulou-reuse. Plus nous approchons de la catastrophe, plus la victime paraît grande. Les chefs de la synagogue ont tenu conseil ; ils ont juré de faire couler, en face de l'univers, le pur sang de l'innocent; Louis est mandé à la barre.

L'innocence est traduite au tribunal du crime et de l'envie, la candeur et la vertu même devant le mensonge et l'ypocrisie, un souverain devant ses sujets. On l'accuse de fautes dont il n'avait aucune idée : *quæ igno-rabam interrogabant me.* Le roi se défend avec tant de sang-froid et de discernement, qu'on ne sait lequel on doit le plus admirer, ou de sa présence d'esprit, ou de sa vertu. Il est dé-fendu par le témoignage de sa conscience; il est défendu par une vie pleine de droiture et de bienveillance; il est défendu par des orateurs pleins de feu, de zèle et de véhémence.

O toi défenseur intrépide de l'innocence accusée, orateur immortel de la plus juste et de la plus malheureuse des causes, bouche éloquente, qui sus faire entendre des vérités hardies aux tyrans oppresseurs de la patrie; nous te rendons ici, au nom de la France entière, le tribut d'amour, de reconnaissance et d'admiration qu'inspire ton noble dévoue-ment, dans un tems où c'était affronter les cachots et la mort que de paraître généreux et de montrer de la vertu : ton nom vivra à jamais dans les fastes de la nation Française; et toutes les fois que nous nous rassemblerons pour jeter des fleurs et verser des larmes sur les manes de Louis, nous dirons avec attendrissement : « Desèze fut le défenseur d'un » roi malheureux, et l'organe de nos senti- » mens ».

Mais c'est envain que l'éloquence et la vertu se réunissent pour faire triompher l'innocent calomnié : rien ne peut émouvoir des monstres sans entrailles; le démon est entré dans leurs ames, et le juste est, de nouveau, condamné à la mort.

O France ! terre autrefois heureuse, terre jadis d'abondance et de paix, mais devenue tout-à-coup une terre d'anathême et de malédiction, les voilà ces doux fruits que te promettaient les apôtres de la nouveauté ! On proscrit, on égorge, on massacre au nom de l'humanité ! on creuse de noirs cachots, on forge des chaînes de fer, au nom de la liberté! on voue à la misère, aux alarmes, aux horreurs, à la mort, une génération toute entière, pour le bonheur imaginaire des générations à venir !

Le voilà donc ce règne tant vanté des lumières et de l'impiété foulant aux pieds la justice, l'humanité et tout ce qu'il y a de saint et de sacré parmi les hommes! Une voix sinistre crie de toutes parts à qui veut l'entendre : « Malheur à la France ! »

Ouvrez donc maintenant les yeux ; instrui-sez-vous donc, vous qui jugez la terre. Appre-nez à ne pas confier vos destinées et le sort des empires aux hommes imbus des principes de la moderne école. *Ouvrez donc les yeux,* peuples et nations, voyez l'abîme où l'on se précipite, lorsqu'on forme des complots, ou qu'on écoute les impies qui conspirent contre l'ordre établi par la divine providence.

Le ministre de la justice, ou plutôt le mes-sager de la haine de la cruauté, ose paraître en présence de Louis, et lui annoncer l'arrêt qui le condamne à la mort et au supplice. « Louis, a écrit un des ennemis les plus » acharnés du roi, a écouté avec un sang-» froid rare la lecture de son jugement, A » peine a-t-elle été achevée, qu'il a demandé » sa famille, un confesseur, et tout ce qui » pouvait le consoler dans ses derniers mo-» mens. Il a mis tant d'onction, de dignité, » de noblesse, [de grandeur dans son main-» tien et ses paroles, que je n'ai pu tenir à » un tel spectacle : des pleurs de rage ont » souillé mes paupières. Il avait dans ses re-» gards et dans ses manières, quelque chose » de visiblement surnaturel à l'homme ».

Au lieu des consolations que l'état de Louis semblait réclamer, c'était, au contraire, lui qui

cherchait à consoler ceux de ses sujets fidèles
qui purent l'approcher alors, et qui fondaient
en larmes. « La mort ne m'effraie point, et
» j'ai la plus grande confiance dans la misé-
» ricorde divine ». Ainsi parlait-il dans ces
momens cruels, à M. de Malesherbes. Ce nom
mérite également les hommages des Français.
M. de Malesherbes fut du petit nombre des
vrais amis qui travaillèrent à détourner le
coup fatal qui menaçait les jours du roi.

Louis, qui voyait depuis long-tems suspendu
sur sa tête le glaive de la vengeance des
hommes, médita son testament dans le silence
de la prison. C'est là qu'on voit découler de
sa belle âme, comme d'une source féconde,
les affections les plus tendres, les sentimens
les plus nobles et les pensées les plus sublimes. Avec quelle touchante piété il s'épanche
dans le sein de la divinité ! Que de sagesse
dans les avis qu'il donne à son épouse, ou dans
les instructions qu'il prescrit à son fils ! mais,
sur-tout, que de grandeur d'ame, lorsqu'il com-
mande le pardon des injures ! Un roi renversé
de son trône, un roi chargé de chaînes, un roi
frappé dans ses plus chères affections, frappé
dans tous les siens, frappé dans ses amis, dans
ses plus fidèles serviteurs, un roi privé de toute
consolation humaine , un roi prêt à mourir
victime de son zèle et de sa bienveillance,

recommande à son fils de sacrifier à la religion, à la patrie, tout sentiment de vengeance, et de pardonner à ses ennemis, comme il pardonne lui-même. Depuis le Sauveur du monde, ce roi des nations, quel autre prince avait laissé aux siens un si bel exemple de douceur et de générosité? Ah! MM., la ressemblance qui se trouve entre la fin de Louis et la mort de JÉSUS - CHRIST, est si frappante, qu'elle doit se présenter d'elle-même aux yeux les moins apercevans. Cet écrit immortel, monument de sagesse et de douceur, de grandeur et de piété, sera dorénavant, aux yeux des Français, le testament de la nouvelle alliance, lorsque Louis XVIII, que le ciel a rendu à nos vœux et à nos soupirs, Louis le Désiré, remontant sur le trône de ses pères, tout resplandissant des lumières du génie et de la sagesse acquise à l'école du malheur, vient lui-même s'associer à tant de mérites, en prenant pour base de son gouvernement le testament du roi son frère.

Les apprêts du sacrifice se poursuivent. Louis va subir une épreuve plus dure que la mort même. Il va recevoir les derniers adieux de sa famille. O moment craint et désiré! ô embrassemens tendres et accablans! ô entretiens doux et amers! ô épanchemens chers et douloureux! Qui pourra jamais se faire une idée juste de tout ce qui se passa alors dans ce temple, dernier refuge des rois proscrits? Qui pourra jamais comprendre les pensées, les émotions, les combats qui agitèrent ces ames nobles et malheureuses? Qui pourra dépeindre cette scène déchirante, qui n'a eu pour témoins que le ciel et de tristes victimes? Elle dut s'ouvrir par des sanglots, ou plutôt les pleurs et les gémissemens furent, pour la plupart, la seule expression que leur permit la douleur. Madame Elisabeth, tenant les genoux du roi, son frère, étroitement embrassés, les arrosait de ses larmes. Madame Royale, douée de tant de douceur et de sensibilité, ne put suffire à de si violentes secousses; elle tomba évanouie, et fut ainsi privée d'entendre les dernières paroles de son père et de son roi. Personne, cependant, n'avait besoin, plus que Madame Royale, de s'accoutumer à de pareils assauts, puiqu'elle était seule destinée à recueillir les derniers soupirs et les dernières paroles d'une mère, d'un frère et d'une tante, compagnons de ses fers. Quel fut donc le langage de ce roi infortuné, aux tendres objets de ses plus chères affections, au moment de cette dure séparation? Qui pourrait douter que la grace d'en-haut

ne lui aidât à remplir encore le sublime ministère d'un envoyé consolateur ; qu'il ne cherchât
à communiquer aux siens cette force surnaturelle dont il était rempli, et qu'il ne ranimât
leur courage, en leur montrant la palme du
martyre qui les attendait, et le palais du roi
des rois, où ils devaient espérer de se revoir et
de se réunir, sans plus éprouver aucune des
vicissitudes et des alarmes de la vie humaine?

Après avoir satisfait *à la chair et au sang,*
il ne songe plus qu'à Dieu et à l'éternité. Le
ministre du Seigneur est arrivé : c'est l'Ange
venu du ciel pour consoler Elie dans le désert.
« *Levez-vous,* fils de Saint Louis, lui dit-il,
» *levez-vous et mangez* cette manne céleste ;
» mangez ce pain des forts, qui vous soutien-
» dra dans la *route pénible qui vous reste à*
» *faire* ». Les ténèbres sont répandues sur la
terre, mais Louis est environné des plus vives
lumières. Pendant que ses ennemis poussés par
la haîne et la vengeance, s'agitent en mille
manières pour assurer l'exécution du supplice,
Louis n'éprouve que des sentimens de paix et
d'amour ; Louis ne sent que de tendres émotions, que des affections douces, que des transports délicieux. « *Le Seigneur Dieu des vertus*
» *est avec nous,* dit-il à tout ce qui l'entoure ;
» *le Dieu de Jacob prend soin de nous ;* non,

» non, *rien ne nous manque, rien ne peut*
» *effrayer notre ame. Seigneur Dieu des ver-*
» *tus, que vos tabernacles sont doux! Heu-*
» *reux ceux qui habitent dans votre demeure!*
» *Mon ame se perd dans la contemplation de*
» *vos divins attraits. Mon cœur est prêt, Sei-*
» *gneur, mon cœur est prêt ; attirez-moi donc*
» *après vous* ». Pendant que les bourreaux
aiguisent les instrumens de la mort, Louis dort
du sommeil des justes. Ainsi dormait le Sauveur du monde, au fort de la tempête. Ah!
sans doute, comme un autre Jacob, il voyait
les Anges du ciel descendre en foule vers lui;
il voyait les saints monarques de sa famille,
qui l'appelaient, en lui montrant la brillante
couronne de l'immortalité, contre laquelle
toutes les puissances de la terre et de l'enfer
n'ont aucun pouvoir.

Elle a déjà lui l'odieuse lumière qui doit
éclairer cet horrible attentat, dont la mémoire
fera frémir les générations les plus reculées.
Louis est sorti de sa prison, pour n'y plus
rentrer. Les rues qui se trouvent sur son passage, ressemblent à d'affreux déserts où règnent la solitude et l'effroi. C'est ainsi que
l'horreur et le silence servent d'avant-cou-
reurs à la tempête qui va désoler la terre. Les
cœurs sont resserrés par la terreur ; toute ame

est plongée dans une sorte de stupeur et d'a-
battement. Le fils de Saint Louis, seul, est
calme et tranquille au milieu de ses assassins.
Ses yeux semblent collés sur un livre de prières, et son ame est déjà dans le sein de son
Dieu. Le juste arrive ainsi au calvaire, sans
y songer, soutenu par l'espérance des récom-
penses éternelles, et puisant dans son cœur
et dans sa foi de pieuses affections et des pensées toutes célestes.

Louis va donc être mis à la place des scé-
lérats, pour être en tout conforme à la victime de propitiation. Il est encore debout sur
l'échafaud. Sortant alors comme d'une sainte
léthargie, il jette vers son peuple ses derniers
regards, les regards d'un père mourant!
C'est une consolation pour lui d'épancher
son ame en ce dernier moment : « Mon peu-
» ple, s'écrie-t-il, je meurs innocent, et je
» pardonne......... » Un sinistre roulement de
tambours vient étouffer ces paroles, et lui enlever la dernière consolation des malheureux.
Louis, alors, se détourne ; les exécuteurs im-
pitoyables saisissent de leurs mains sanglantes
l'oint du Seigneur...... La victime est étendue!
les Anges et les hommes se couvrent la face!
la terre frémit! le soleil pâlit! les bras des
bourreaux se lèvent, la hache descend, le chef

de Louis tombe, et le pur sang des rois rougit la terre !

Jérém. c. 2, 3. *A qui te comparer, malheureuse fille de Jérusalem ? Ta douleur est comme une mer profonde. La royauté est profanée , les princes foulés aux pieds, le voile du temple déchiré , l'autel renversé, les pontifes égorgés, les vases saints prophanés , les pierres du sanctuaire dispersées....... Ceux qui vivaient dans les délices sont trouvés morts dans les voies publiques.... Les enfans expirent dans le sein de leurs mè-* *Matth. c. 24.* *res , en demandant du pain..... Les voilà donc arrivés ces jours de tribulation, tels qu'on n'en avait pas vu de semblables depuis le commencement du monde, jours de colère et de calamité , où toute créature humaine aurait vu son heure dernière, si le Seigneur n'eût consenti de les abréger en faveur des élus.*

O patrie! ô mère infortunée! ce sont tes propres enfans qui te déchirent le sein , qui s'abreuvent de ton sang, qui se nourrissent de ta chair. Comme Rachel, autrefois, dans Rama , tu poussais des cris lamentables, en voyant les cadavres de tes enfans entassés par monceaux, qui servent de pâture aux oiseaux du ciel , aux animaux de la terre et aux pois- *Apoc. c. 16.* sons de la mer. « *Allez , partez,* crie une voix » terrible *aux sept Anges ministres de la ven-*

» geance d'en-haut, *volez sur les ailes des*
» *vents, répandez* en tous lieux *tous les vases*
» *de la colère céleste ;* soufflez partout l'ana-
» thème et la malédiction ; répandez à grands
» flots un nouveau déluge sur la terre souillée
» de tant de crimes, déluge de feu, déluge
» de sang, déluge de peste et de famine, dé-
» luge de guerre et de combats, déluge de
» tous les maux. *Malheur, malheur aux en-*
» *fans des hommes !* »

c. 6. *Les rois de la terre, les princes, les peuples,*
les grands et les petits fuient, tout épouvantés,
se cacher dans les cavernes des montagnes.

Eh bien ! ouvrez donc maintenant les yeux,
instruisez-vous donc, vous qui jugez la terre.
Ouvrez donc les yeux, peuples insensés ! Pour-
quoi avez-vous formé des complots criminels?...
Le sang de l'innocent, injustement versé,
tombe sur vous et crie vengeance.

Arrêtez, ministres d'un Dieu de paix, arrêtez,...... quelle voix puissante, MM., vient
frapper nos oreilles? quel spectacle vient s'of-
frit tout à coup à nos regards fatigués, et ranimer nos esprits abattus? C'est Louis qui nous
apparaît, la tête couronnée de l'auréole céleste et le visage tout rayonnant de gloire. Il
tient d'une main un lis éclatant comme la
neige, et de l'autre, son testament. « *La*

» *paix soit avec vous*, Français, *la paix soit*
» *avec vous*, nous crie-t-il à tous. Non, non,
» le sang de votre roi n'appelle point la ven-
» geance ; c'est le cri du pardon, le cri seul
» de la clémence qu'il fait entendre. *La paix*
» *soit avec vous* : vous devez être las de tant
» de fureur et de dissentions. Pardonnez-vous
» les uns les autres, comme j'ai pardonné moi-
» même. Que celui qui, par la grace divine,
» a toujours *demeuré debout* n'en perde pas
» le mérite, en insultant son frère qui *a tombé*.
» Dieu et le Roi ! ainsi disaient vos pères.
» Ralliez-vous, comme eux autour de l'autel
» et du trône ; ralliez-vous autour de votre
» roi ; c'est le fils des Louis et des Henri ; en
» lui revit tout l'esprit de sa race. *La paix soit*
» *avec vous*, enfin ! allez puiser dans l'antique
» foi, dont le mépris ou l'oubli n'ont servi
» qu'à vous traîner d'abîmes en abîmes, allez
» puiser l'humanité, la douceur, la sagesse
» et l'équité : c'est là que vous trouverez la
» paix, la vraie et solide paix ; ne la cher-
» chez point ailleurs ».

Remontez à l'autel, ministres du Dieu trois
fois saint, remontez, il en est tems ; faites
couler à grands flots le sang de la rédemption
sur ces illustres victimes, si elles ne sont pas
toutes sorties assez pures du feu des tribula-

tions ; ou si , comme nous nous plaisons à le croire, leurs fronts augustes, en échange d'une couronne qui se fane , ont reçu le diadême des immortels, versez, versez sur la France entière le sang de JÉSUS - CHRIST , afin qu'il y répande des semences d'union, de concorde, de réconciliation parfaite et de la paix chrétienne, douce image de la paix éternelle que je vous sonhaite.

DISCOURS

Prononcé dans l'Eglise de la Gaubretière (Vendée), le 13 avril 1814, en présence de M. Sapinaud, Général de l'Armée catholique et royale de la Vendée, de son État-Major, et d'une compagnie de soldats sous les armes avec le Drapeau blanc.

A Domino factum est istud.
C'est l'œuvre du Seigneur. **Ps. 117.**

NE vous semblent - elles pas descendues du ciel, Messieurs, ces couleurs chéries, ces couleurs de nos bons rois, ces couleurs de nos anciens monarques, ces couleurs que ñous portions tous dans le cœur ? Ne vous paraissent - elles pas plus brillantes, après le sombre nuage qui les a tenu si long-tems cachées à nos regards. C'est ainsi qu'après une horrible tempête, le ciel devient plus serein et le soleil plus éclatant de lumière. Elles ne flottent plus seulement aujour-d'hui sur les clochers et les toits de la Vendée, la France entière vient d'arborer les couleurs

blanches à l'unanimité. Ces couleurs sont d'autant plus heureuses , qu'elles ne sont plus,
comme il y a vingt ans, des enseignes de
guerre, c'est-à-dire, les tristes signaux de la
mort, de la terreur et de la désolation; elles
sont, au contraire, les annonces de la paix ,
et d'une paix qui embrasse l'univers ; elles
sont comme d'heureux couriers qui viennent
nous dire de sécher nos pleurs, que les jours
d'afflictions sont passés; elles sont les avant-
coureurs d'un tendre père qui va être rendu
aux vœux et aux soupirs de ses enfans, après
vingt ans et plus de séparation , de maux,
d'alarmes et d'angoises de toute espèce ; ce
sont les couleurs de famille d'un monarque
chéri, appelé par tant de vœux , qui vient
faire revivre les règnes des Louis, des Henri,
réparer les ruines de la Croix et des lis, et
nous rendre ces jours prospères, ces jours de
paix et de délices, ces jours qui firent le bonheur de nos pères et de tant de générations.
Qu'elles sont belles ! qu'elles sont brillantes ces
couleurs, heureux symbole de la candeur et
de la clémence de nos princes ! Que j'aime à
les voir, à les considérer ! mes yeux ne peuvent se repaître assez d'une si douce contemplation. Considérez-les, Messieurs, avec com-
plaisance et satisfaction. Ce sont les compagnons

de vos nobles travaux, ; ce sont les monumens de votre gloire, de cette gloire qui va enfin briller de tout son éclat, après avoir été jusqu'à présent comme ensevelie sous les sombres voiles de l'envie et de la tyrannie ; ce sont les garans de la protection de vos princes ; ils n'oubliront pas les généreux exemples de dévouement et de fidélité que vous avez donnés à la France entière, ou plutôt à l'univers ; ils n'oubliront pas que la Vendée proclamait le règne de la royauté, tandis que la France se soumettait au joug de la République ; que la Vendée retentissait des cris de *Vive le Roi ! vive les Bourbons !* pendant que le reste de la France ne faisait entendre que les tristes clameurs de l'anarchie et de l'égalité.

Tressaillez de joie et partagez nos transports, manes célèbres des Bouchamp, des Delbée, des Lescure, des Charette et des La Roche-Jacqulain ; réjouissez-vous avec nous, ombres illustres des Vendéens morts au champ de l'honneur ; contemplez avec nous ces couleurs, ces drapeaux qui vous conduisaient au combat ; entendez ces cris de *Vive le Roi ! vive la Religion !* qui vous servaient d'aiguillons et de signes de ralliement ; consolez-vous : vos parens, vos enfans, vos amis, vos compatriotes vont jouir des fruits de vos nobles travaux et du prix de votre sang généreux. Réjouissez-vous, votre gloire est assurée, et vos noms vivront à jamais dans les fastes de la nation et les annales de la religion.

Que ces couleurs sont belles! qu'elles sont vénérables! Ce sont les couleurs de ce saint Roi, qui, comme un bon père, jugeait les différens de ses enfans, au pied du chêne de Vincennes; ce sont les couleurs de cet autre Louis, surnommé le Père du peuple, qui marqua d'une croix, en signe de pardon, les noms de ses ennemis; ce sont les couleurs du Béarnais, qui conquit son royaume, plus par sa douceur et ses bienfaits, que par la force des armes, de ce bon Henri, dont un Français ne peut entendre prononcer le nom, sans se sentir ému et attendri; ce sont les couleurs de Louis le Bien-Aimé, de ce roi débonnaire, qui aima mieux mourir victime de sa clémence et de sa bonté, que de commander la mort d'un homme, et qui, prêt de présenter son chef auguste à la hache révolutionnaire, adressa des vœux au ciel pour le bonheur d'un peuple ingrat et rebelle. Ce sont les couleurs d'une foule de rois; tous distingués par quelque vertu royale, et sur-tout par la franchise et la douceur. Comment donc ces signes de joie et de bonheur sont-ils venus remplacer tout-à-coup les enseignes de sang et de mort, les couleurs du désastre et de la proscription? Comment ces cris de *Vive le Roi!* qui étaient devenus, depuis tant d'années, des crimes de lèze-nation, retentissent-ils aujourd'hui dans toute l'étendue de la France? Comment tous les Français, par un accord aussi heureux qu'inespéré, viennent-ils joindre leur voix à la nôtre? Comment viennent-ils se réunir aux Vendéens, qui, auparavant, n'étaient à leurs yeux que des brigands et des rebelles? Comment, enfin, viennent-ils aujourd'hui crier avec nous, *Vive Louis XVIII! vivent les Bourbons?* Comment cette guerre qui embrâsait tout l'univers, est-elle venue tout-à-coup à s'éteindre? Comment tant de nations, tant de peuples différens, les enfans de l'aurore et du couchant, comment ces nuées de soldats apportés sur les ailes de tous les vents, comment, dis-je, tant d'hommes animés par la haine et la vengeance, viennent-ils tout-à-coup déposer leurs armes, et étouffer dans leurs communs embrassemens tant d'animosités? Comment une si étonnante vicissitude devait-elle signaler le rétablissement des Bourbons? Comment le salut nous est-il venu d'où nous n'attendions que la mort et la vengeance? Comment cette terre étrangère et si souvent

ennemie

ennemie est-elle devenue l'asyle et le refuge
de tant de Français proscrits ? Comment a-t-
elle été le port où s'est retiré notre illustre et
malheureux pilote, en attendant le moment
si désiré où son bras habile et vigoureux pourrait reprendre le gouvernail de son vaisseau,
qu'il avait été obligé d'abandonner à la fureur
des vents et des tempêtes? Comment a-t-elle
pris tant de soins pour conserver dans son sein
l'oint du Seigneur, ce second David, qui avait
fui loin de Jérusalem pour se soustraire aux
desseins impies de ses enfans dénaturés? Comment ce peuple qu'on prenait à tâche de nous
faire haïr, en nous le dépeignant comme l'en-
nemi commun de toutes les nations, et sur-
tout de la France, s'est-il montré si généreux,
si magnanime? Comment a-t-il voulu être le
bienfaiteur de tous les Français, en venant
nous apporter lui-même nos rois et la paix ?
A Domino factum est istud. C'est l'œuvre du
Seigneur. Comment a-t-on vu arriver tout-à-
coup de l'orient trois nouveaux princes, gui-
dés par une étoile miraculeuse, et proclamer
en face d'un autre Hérode, le prince légitime
de la nation, qui était attendu comme un
nouveau Messie? *A Domino factum est istud.*
C'est l'œuvre du Seigneur, Messieurs. Comment
a tombé tout-à-coup cet homme audacieux,

(50)

en présence de qui l'univers *se tut* une seconde fois, *quomodo cecidit potens ?* Comment cet impie, qui, semblable au cédre, portait jusques dans les nues sa tête altière, a-t-il été renversé ? Comment ce farouche tyran, qui foulait aux pieds et ses ennemis et ses propres sujets, a-t-il, à son tour, été foulé aux pieds? Comment a-t-il été abandonné tout à-coup par ces braves et intrépides soldats, qui, jusques-là lui avaient prodigué leur sang et leur vie, avec tant de générosité et de dévouement? *Quomodo cecidit potens ?* C'est l'œuvre du Tout-Puissant, *à Domino factum est istud.* N'en soyons point étonnés ; les grandes merveilles qui viennent de s'opérer sous nos yeux, ne sont que les effets d'une cause supérieure qui agit sans que nous la voyions, et qui a changé cent fois la face de la terre ; le doigt de Dieu se montre ici visiblement, et nous décèle, enfin, cette main invincible qui conduisait toutes choses au but tracé dans ses impénétrables desseins.

Comme les Israélites, Chrétiens, mes Frères, nous avons souffert toutes les plaies de l'Egypte: nous avons traversé la mer Rouge ; erré dans le désert ; *nous avons passé par l'eau et par le feu ;* nous étions sans cesse *aux eaux de la contradiction ;* nous avions tous les jours à

combattre les ennemis de Dieu , les Moabites,
les Madianites ou les Amalécites. Hélas! ils
étaient triomphans; ils insultaient à nos dé-
faites et à nos maux ; ils avaient dans leurs
mains l'Arche sainte, le grand Pontife et les
Lévites. Une grande partie des malheureux
Israélites a succombé au sein des afflictions,
avant d'arriver à la terre promise , c'est-à-
dire, au rétablissement de l'ordre et de la
religion ; tant de maux, tant de fléaux, tant
de désolation étaient entrés dans les vues de
la divine providence. Tous avaient péché, et
tous ont été punis. Les Rois, les Peuples, les
Pontifes et les Lévites, tous avaient besoin
d'être purifiés dans le creuset de la tribulation.

Une philosophie impie et audacieuse fait
entendre la voix d'une tyrannique domination;
elle menace tour-à-tour, ou plutôt tout à-la-fois
et le trône et l'autel ; elle a assez de puissance
pour fasciner les yeux aux chefs des empires ;
elle profite de la force de ses prestiges et de
ses charmes, pour attaquer l'édifice social
dans ses fondemens. On voit tout-à-coup les
liens de la subordination rompus ; on voit
les peuples arborer l'étendard de la révolte ;
on voit les sujets donner des lois aux souverains ; on voit les trônes et les autels renversés, les temples prophanés; on voit les sceptres

brisés, les diadêmes et les couronnes foulées aux pieds ; on voit les princes traduits au tribunal de leurs sujets ; on voit les rois et les grands, les uns mourir sur les échafauds, les autres proscrits et exilés, condamnés à traîner, dans une terre étrangère, une vie pauvre et malheureuse ; on voit l'impiété et l'anarchie, le crime et la licence règner sur des ruines et des victimes de toute espèce ; on voit les tyrans populaires, n'ayant plus de nobles têtes à faire tomber, s'entregorger les uns les autres; on voit le peuple dévoré par ses tyrans. Ainsi les grands ont été châtiés par les petits ; les petits se sont frappés et détruits eux-mêmes ; la main de Dieu s'est appesantie sur tous les états , sur toutes les conditions; tous ont été châtiés , parce que tous ont prévariqué. *A Domino factum est istud*, c'est l'ouvrage du Seigneur. Il avait dit contre nous , dans sa colère, comme autrefois contre Israël, lorsqu'il méprisait ses lois saintes : *Je rassemblerai sur eux tous les maux , je décocherai les fléches de ma vengeance*; et nous en avons vu, Chrétiens, les terribles effets. Puissions-nous ne jamais oublier de si grandes leçons ! Le Seigneur a-, eu ensuite, pitié de ses serviteurs; il s'est laissé fléchir par les larmes et les mérites des justes; il a pardonné aux méchans, en faveur des bons ; il n'a pu souffrir plus long-tems l'insolence et l'orgueil de nos oppresseurs ; il a rendu leurs conseils *sans sagesse et sans prudence* ; il a fait tomber nos ennemis, qui étaient aussi les siens, dans l'abîme qu'ils nous creusaient ; il a renversé les idoles d'argile qu'il avait laissé s'élever. Il a jeté au feu la verge ; après s'en être servi pour assouvir sa vengeance. Tout cela a été l'ouvrage du Seigneur, *à Domino factum est istud.*

Approchons, Messieurs, approchons de tant de ruines, méditons sur tant de ravages et de désastres. N'entendez-vous pas la voix terrible de la vengeance divine, qui semble nous crier de toutes ses forces : *Videte quod ego sim solus ; voyez et comprenez que je suis seul. C'est moi qui donne la mort et qui fais vivre ; c'est moi qui frappe et qui guéris : videte quod ego sim solus. Apprenez qu'il n'est personne qui puisse échapper de mes mains, et que c'est à moi, à moi seul qu'appartient la vengeance de tous les âges et de tous les humains : videte quod ego sim solus.* Apprenez à être plus sages et meilleurs à l'avenir ; apprenez à ne plus mépriser mes préceptes, et à ne plus quitter les voies que je vous ai tracées. *Videte quod ego sim solus.*

Graces immortelles soient donc rendues au Seigneur Dieu, qui vient, enfin, nous visiter dans ses miséricordes, nous délivrer de tous nos maux, nous affranchir de la tyrannie et rendre à la France la paix, ses rois et son son ancienne monarchie! Graces immortelles soient rendues au Seigneur Dieu, qui vient d'opérer en notre faveur de si heureux changemens! Bénissons le Seigneur: le calme succède à l'orage, la sérénité à la tempête, la paix à la guerre la plus sanglante, l'ordre et les lois de sagesse et de modération à l'anarchie et à tous les excès de la violence et de la tyrannie. Bénissez le Seigneur, mes Frères; vos familles ne seront plus désolées, vos campagnes ne seront plus désertes, l'enfant ne sera plus arraché du sein de sa mère, l'époux des bras de son épousse ; le vieux père de famille aura désormais la consolation de voir son lit de mort entouré de tous ses enfans, et il pourra encore lever ses mains défaillantes pour bénir toute sa famille. Bénissez le Seigneur : la joie, l'alégresse, la confiance et toutes les douceurs de la paix vont remplacer les transes, les angoises, les alarmes et tous les maux qui pèsent sur vous depuis tant d'années. Bénissez le Seigneur : un Gouvernement paternel, fondé sur la justice et la religion, va remplacer toutes les horreurs du despotisme et de l'anarchie. Graces solennelles soient rendues au Très-Haut! La Religion, qui, comme vous, était environnée de deuil et de larmes, va recouvrir ses droits. La Croix et les Lis ensemble détrônés, vont remonter ensemble sur le trône. L'auguste Chef de l'Eglise, dont la constance a fait l'admiration de l'univers, ce pontife vénérable, qui, comme saint Pierre, gémissait dans les liens et la captivité, va ceindre de nouveau la tiare des Léon. Sa main va reprendre le gouvernail de l'Eglise, qui n'était plus qu'entre les mains de la divine Providence, parce qu'il avait été arraché aux bras des hommes. Graces solennelles soient rendues, en ce jour, au Dieu réparateur et consolateur! Tant de pontifes qui avaient été emmenés en captivité, et qui pleuraient sur les bords de Babylone, vont être rendus aux rives du Jourdain. Sion va retentir, comme autrefois, de saints cantiques, et ces solennités, qui étaient devenues désertes, vont reprendre leur ancienne splendeur. Les princes, les souverains détrônés et exilés, vont également recouvrer leur puissance et leurs états. Tant de royaumes, tant de pays embrâsés des feux de la guerre et désolés par tant de ravages, vont enfin se reposer après de si horribles secousses. Graces soient donc rendues à Dieu, qui rend ainsi la paix à la France et le repos à l'univers. Bénissons surtout le Seigneur, en marchant constamment dans l'observance de sa loi sainte, qui seule affermit les empires, conserve la paix et l'ordre, maintient et les rois et les peuples dans les bornes du devoir qu'elle seule peut leur tracer d'une main ferme et invariable. Laissons, laissons au Père céleste la vengeance, et imitons la douceur de son divin Fils, qui nous a laissé l'exemple d'une charité sans bornes, pour que nous fissions de même. Toute la religion, dans sa morale, dans son chef et les saints, prêche la paix, la douceur, la patience, le pardon des injures et l'amour des ennemis. Si vous êtes chrétiens, montrez, par vos œuvres et vos paroles, que vous en portez l'esprit. Ne reprochez à personne sa conduite passée. Oublions tous nos maux, et ne troublons point une joie si grande et si universelle, par d'anciens ressentimens et des souvenirs dangereux. Abandonnons aux remords et au repentir les auteurs de nos tribulations. Forçons nos ennemis à respecter cette *loi sainte*, cette *loi sans tache*, cette loi de douceur et de clémence, qui ferme les cœurs à la haine, les bouches à la malédiction, nous ordonne de pardonner et d'aimer chrétiennement même nos ennemis les plus acharnés. Déposez, soldats, avec les armes, cette sorte de férocité qu'il est difficile de ne pas contracter à la guerre, et, en rentrant dans la société et dans vos familles, redevenez ce que vous étiez auparavant, c'est-à-dire des hommes doux et humains. Imitez votre bon roi, qui ne s'annonce à tous les Français que par des paroles de paix et de douceur, qui promet le bonheur à tous ses enfans et l'oubli du passé aux coupables, qui a dit pour premières paroles, en apprenant que ses droits étaient reconnus : « Je pourrai donc, enfin, me livrer » à la plus douce jouissance des Bourbons, » c'est-à-dire, pardonner. » Imitez les beaux exemples que nous vous avons mis sous les yeux. Suivez la sage modération de votre noble chef; nous connaissons la bonté de son cœur et la générosité de ses sentimens; il vous donnera l'exemple des vertus pacifiques, aussi bien que l'exemple des vertus guerrières. Marchez encore sur les traces de ses dignes officiers, qui vous serviront également de modèles pendant la paix comme pendant la guerre. Je vous recommande, enfin, de ne pas souiller un si beau jour de prières et d'actions de graces, par la débauche et le libertinage, et de ne pas renouveller ces orgies des fêtes républicaines, qui semblaient destinées à nous retracer tous les crimes et les excès des payens et des idolâtres.

O beaux noms des Bourbons ! noms sacrés, noms chéris tout-à-la-fois à l'Etat et à la Religion ! noms heureux , qui ne promettez que clémence et bonheur, nous pouvons désormais vous invoquer ! Vous ne serez plus seulement gravés dans nos cœurs ; vous serez, comme autrefois, attachés à tous nos monumens , vous présiderez à nos contrats les plus sacrés, vous brillerez d'un nouvel éclat dans les fastes de la monarchie ; non , non , vous n'en serez plus effacés, nous le jurons par ce qu'il y a de plus saint , de plus sacré au ciel et sur la terre ; nous le jurons d'après nos cœurs et au nom de tous les Français, qui, instruits par les terribles leçons du malheur et de l'expérience , se souviendront que le repos et la prospérité du royaume sont essentiellement attachés à la maison antique et sacrée des Bourbons.

Providence divine, qui réglez et conduisez tous les événemens d'ici-bas, vous qui *créez et détruisez*, qui *formez et changez les empires*, qui *élevez et renversez les trônes*, qui *abaissez et rétablissez les grands et les puissans de la terre*, achevez, Providence éternelle, achevez le grand œuvre que vous venez de commencer; affermissez l'empire des fleurs de lis; protégez la maison des Bourbons, cette race de rois justes et bienfaisans; protégez les enfans de Saint Louis; protégez le peuple et le souverain : conservez à l'un, cet esprit de sagesse et de prudence qui reluit en lui si éminemment; donnez à l'autre, l'esprit de docilité et de subordination; faites qu'au sortir de l'adversité, nous soyons meilleurs et plus sages; faites que nous ne perdions jamais le souvenir de vos vengeances, et qu'après vous avoir craint et servi sur la terre, nous méritions de vous louer et de vous posséder dans l'éternité bienheureuse.

DISCOURS

DE la Députation de Messieurs les Officiers de l'Armée catholique et royale de la Vendée, présidée par M. le Général SAPINAUD, et présentée le 23 mai 1814.

SIRE,

VIVE le Roi ! Vive la Religion ! Vive LOUIS XVII ! Tels furent, il y a vingt ans, les cris de guerre et de ralliement de vos Vendéens.

Vive le Roi ! Vive LOUIS XVIII ! Ces cris de joie sont répétés aujourd'hui par tous les échos de la Vendée ; ils sortent de dessous ses ruines, du fond des tombeaux ; par-tout des ombres illustres viennent joindre leur voix à la nôtre, et partager nos transports.

SIRE, la Vendée entière était debout : chefs, officiers, soldats, tout reprenait son poste , quand toute la France est venue crier avec nous : Vive le Roi ! Vive LOUIS XVIII !

Lorsque nous venons déposer aux pieds du trône nos hommages et nos félicitations, nous éprouvons une sorte de fierté d'avoir été les premiers à donner à la France l'exemple de la fidélité. Que de maux elle eût épargné au monde, si elle eût cherché dans son cœur et ses anciennes institutions, plutôt qu'à l'école du malheur et de la nouveauté, la régle de ses devoirs !

Nous avons l'honneur, SIRE, de vous présenter les personnes ou les noms des anciens compagnons d'armes des Delbée des Bonchamp, des La Roche - Jaquelin, des Lescure, des Charrette et des Stofflet, parmi lesquels viennent se confondre les officiers de l'armée des princes et des troupes de Condé ; ils jurent tous qu'ils sont toujours prêts à verser jusqu'à la dernière goutte de leur sang, pour les Bourbons et l'antique monarchie.

VIVE LE ROI! VIVE LOUIS XVIII.

DISCOURS

Adressé par M. le Desservant de la Gaubretière, à Son Altesse Royale Monseigneur le Duc d'Angoulême, lors de son passage dans la Vendée, au mois de juillet 1814.

MONSEIGNEUR,

IL n'y avait plus de patrie pour les Vendécns, depuis qu'ils avaient perdu leurs rois. Comme les Israélites, nous avions suspendu les instrumens de la joie; et c'est envain qu'on nous invitait à chanter, nous disions aussi, nous : Comment pouvoir chanter dans une terre étrangère?

Envain vos ennemis, Monseigneur, qui étaient aussi les nôtres, nous ordonnaient d'oublier l'antique maison de David, nous répondions en sanglottant encore avec les Israélites: Ah ! que nous mettions en oubli notre main droite, que notre langue s'attache à notre palais, plutôt que d'effacer jamais de notre cœur et de notre mémoire cette race de rois grands, justes et débonnaires, qui firent le bonheur de nos pères.

Tandis que les impies mettaient leur confiance dans la force de leurs bras et la multitude de leurs charriots, pasteurs et peuples, prosternés aux pieds des autels, levant les yeux au ciel, d'où nous attendions tout notre secours, nous conjurions le Seigneur de nous rendre, avec nos princes, la paix et la religion exilés avec eux. Nos vœux, Monseigneur, ont été exaucés ; le Ciel en soit à jamais béni !

Enfin, lorsqu'en ces jours de fêtes pour l'heureuse Vendée, nous avons le bonheur de contempler le petit - fils de Henri, le gendre et le neveu des Louis, qui fait, avec son auguste épouse, l'espoir, les délices et l'admiration de la France, nos vœux, nos cœurs, nos hommages et toutes nos affections volent au - devant de Votre Altesse Royale, pour vous dire, Monseigneur, que rien n'est comparable, pour l'intensité, à la joie que nous éprouvons maintenant, si ce n'est la douleur et le deuil où nous avaient plongés vos malheurs et votre exil.

DERNIÈRES PAROLES
DE LOUIS XVI.

A la Reine.

LAISSE là des cris superflus,
Foule aux pieds l'aveugle fortune,
Compagne de mon infortune,
Demain Louis ne sera plus.
Songe qu'il est une autre vie,
Où nous nous reverrons en paix;
Porte là tes nobles souhaits;
C'est le seul bien digne d'envie.

HEUREUX, si dans l'adversité,
Quand la main de Dieu nous châtie,
Notre ame à tems se purifie
Des maux de la prospérité !
Mes yeux pour moi n'ont point de larmes,
Si je souffre, c'est dans vous tous.
Pardonne, hélas ! à ton époux
Tant de tourmens et tant d'alarmes.

JE te laisse mes deux enfans,
Je connais pour eux ta tendresse;
Invoque d'en-haut la sagesse,
Pour former leurs cœurs innocens.
Quand tu leur dépeindras l'histoire
Et la trame de nos malheurs,
Méprise avec eux les honneurs,
Le monde et ses biens et sa gloire.

A

(65)

A Madame Elisabeth.

Je me repose en toi , ma sœur ;
Poursuit ton noble ministère ,
Soutiens les enfans et la mère ,
Sois leur ange consolateur.
Si , par un sort impitoyable ,
Tu restais seule à mes enfans ,
Ah ! prends soin de leurs jeunes ans ,
Deviens leur mère inséparable.

Au Dauphin et à Madame royale.

Adieu , chers fruits de nos amours ,
Je vous laisse au sein d'une mère ;
Puissent les ennemis du père
Respecter le fil de vos jours !
Le Ciel , ma fille , qui m'inspire ,
Lui-même , au port te conduira ;
Un jour , en toi refleurira
La tige des Lis et l'Empire.

Au Dauphin.

Si d'un noir destin la rigueur
Pour la couronne te fit naître ,
Mon fils , apprends à la connaître ;
Connaîs tout son éclat trompeur ;
Possède-là pour ta patrie ,
Non pour l'asservir à tes goûts.
Apprends qu'un Roi se doit à tous ,
Dans tous les momens de sa vie.

J'ai vu des amis généreux
Partager nos fers et nos larmes ,
Pour eux , après les jours d'allarmes ,
Puisses-tu remplir tous mes vœux !
Plusieurs ont cherché la vengeance ,
Quelques-uns m'ont abandonné ;
Mon fils , Louis a pardonné ,
Règne aussi , toi , par la clémence.

Soumis à Rome, à son pasteur,
Je tiens à la pierre angulaire.
Suis, mon fils, suis toujours la Chaire,
Qui ne peut enseigner l'erreur.
J'abjure ces décrets impies
Scellés de mon adhésion ;
Ils ne dûrent ma sanction
Qu'à mille craintes réunies.

Au Peuple.

Français, écoutez mes adieux,
Contemplez Louis au supplice ;
Son cœur vous fut toujours propice,
Il en prend à témoins les cieux.
Vivez contens, je meurs sans peine
Si mon sang versé parmi vous
Peut appaiser votre courroux,
Etouffer enfin tant de haîne.

Adieu donc, peuple infortuné,
Sur ton sort, ah ! versons des larmes.
Mon règne avait pour toi des charmes....
J'étais Louis le Bien-Aimé.....
Adieu, je confie à la France,
Ma famille, un fils innocent ;
Que ce soit assez de mon sang ;
Je meurs sans crainte et sans vengeance.

A Dieu.

Seigneur, appaise ton courroux,
Ne frappe pas, vengeur du crime ;
Entends les cris de la victime
Qui meurt pour le salut de tous.
Sur la croix, ton fils débonnaire
T'implora mourant sur la croix ;
Pardonne donc, ô Roi des Rois,
Aux enfans à cause du père.

Fait à l'époque de la mort du Roi.

LE SAULE - PLEUREUR,
ÉLÉGIE EN DIALOGUE.

ASSISE au pied d'une urne cinéraire,
  A l'ombre d'un saule-pleureur,
  Le front abattu de douleur,
La France en deuil, en un lieu solitaire,
L'œil immobile, en proie à ses tourmens,
Envoie au ciel de longs gémissemens.
Des pleurs amers sillonnent son visage
Sans que les pleurs, sans que rien la soulage.
Un jour, après un long pénible cours
De durs sanglots et de soupirs, la France
Sort tout-à-coup de son morne silence,
Sa profonde douleur s'échappe en ces discours :

ENFANS des lis et de la monarchie,
  Vous qui pleurez amèrement,
  Venez tous à ce monument,
Venez pleurer avecque la patrie.
Où donc est-il, notre bien-aimé Roi ?
Qu'en ont-ils fait ? amis, dites-le moi.
En quelle plage, en quel coin de la terre
Ont-ils conduit ce prince débonnaire ?
Pour le trouver, faut-il passer les mers,
Monts et rochers, déserts Ethiopiques,
Errer enfin au-delà des Tropiques,
Partons, partons, allons au bout de l'Univers.

Vous vous taisez ! Vous voyez, je m'égare......
Il n'est donc plus, ce Roi chéri !
Il n'est plus, le fils de Henri !
O jour fatal ! jour d'éternelle horreur !
Louis n'est plus ! une horde barbare,
En l'immolant à sa noire fureur,
Du même coup qui servit sa vengeance
Couvrit de deuil et de honte la France.
Venez, venez, orphelins malheureux,
Venez pleurer au sein de votre mère,
Pleurez Louis, il était votre père,
Et loin de mériter un sort si rigoureux.

Chœur de Français.

DEPUIS le jour où de sa main tremblante
En longs crêpes, sans nulle voix
La renommée, à tous les Rois,
Montra Louis et sa tête sanglante,
Une secrette horreur
A glacé notre cœur,
Et de notre mourante vie
Nous sentons la source tarie.
Mêlons nos pleurs, infortunés Français,
Pleurons un roi que le monde révère :
Louis n'est plus, Louis fut notre père,
Louis sera l'objet de nos pleurs à jamais.

La France.

PRINCE et princesse, une maison entière ;
Le fils, la sœur et les époux,
Objets d'un indigne courroux,
Tombent, frappés, au sein de la poussière.
Portez ici vos yeux et vos regards :
Connaissez-vous la fille des Césars ?

Qu'est devenu tant de beauté , de graces ?
Les durs soucis ont flétri jusqu'aux traces.
Cet enfant roi , l'enfant de la douleur ,
Ciel ! a subi le destin d'une rose ,
Qui , détachée, à peine un jour éclose,
Tombe , languit , hélas ! se décolore et meurt.

Le Chœur.

PLEURONS une mère , une reine ,
Les vertus , l'esprit , la beauté ,
L'innocence et la dignité ,
L'honneur à l'envie , à la haine
Immolés par la cruauté.
Enfant ceint d'un noir diadême ,
   Un sinistre berceau
   Qui se change en tombeau ,
Voilà de ton règne l'emblême ,
Qu'avec ton nom , de son burin ,
Gravera l'histoire elle-même
Dessus le marbe , ou sur l'airain.

La France.

OH ! si du moins , sous quelque mausolée ,
   Nous possédions en quelques lieux
   Des restes chers et précieux !
Malheureux rois ! ô maison désolée !
Pour adoucir et charmer nos douleurs ,
On nous verrait vous jeter quelques fleurs.
Mais cet honneur manque à leurs tristes mânes.
Des rois Français les nobles fronts , les crânes ,
Les chairs , les os prophanés et tout nus ,
Exterminés jusqu'en leurs derniers restes ,
Pour tout repos de tant de coups funestes ,
Dans la foule des morts languissent inconnus.

Le Chœur.

Où sont donc ces cendres sacrées,
Saintes reliques ignorées ?
Si nous pouvons les recueillir,
Ici vous nous verrez venir,
En robe lugubre, à ce marbre ;
Et dans cette urne, sous cet arbre,
Nous déposerons à vos yeux
Ces cendres, ces os précieux,
En les arrosant de nos larmes ;
Et nous reviendrons tous les ans,
Mêlant nos pleurs et nos alarmes,
Invoquer leurs mânes puissans.

La France.

Oui, revenez dans ce bois solitaire
Contempler ces augustes traits :
Ces lieux ne sont pas sans attraits ;
Tout y convient à la douleur austère.
Ici, j'érige aux vertus des autels,
Pour réparer l'outrage des mortels ;
Là, sont mes rois qu'en silence j'honore,
Loin des faux dieux que je hais et j'ignore.
Oh ! revenez, empire des Louis :
O sages lois ! antique monarchie !
Disparaissez, horrible tyrannie,
Terreur, crimes, forfaits jusqu'alors inouïs !

Le Chœur.

Parmi les morts et les ruines,
Périront-ils ces lis flétris ?
Comment réparer les débris
D'un tronc séché dans ses racines ?

O paix de nos ayeux !
Mœurs , piété , justice ,
Présens d'un ciel propice !
Fêtes, bouquets joyeux ,
Beaux jours de notre enfance ,
Beaux siècles de la France ,
Les Dieux pleins d'un juste courroux
Vous ont enlevé d'entre nous.

La France.

Nos jours, alors, s'écoulaient sans alarmes.
Heureuse mère ! heureux enfans !
Princes et peuples florissans !
Qui nous l'eût dit en ces jours pleins de charmes,
Qu'un tems viendrait où ce peuple vanté
Par ses vertus et son humanité,
Egorgerait ses pontifes , ses princes;
Que d'un sang pur inondant ses provinces,
Et renversant les trônes , les autels ,
Il creuserait sous ses pas mille abîmes ;
Que , dominant sur des tas de victimes,
Impie , il défierait jusqu'aux Dieux immortels ?

Le Chœur.

O tache ! ô flétrissure
Au nom Français
Imprimée à jamais !
O honteuse blessure !
Pleurons la perte de nos rois ,
De la paix et des douces lois.
O sceptre ! ô funeste couronne
Que la mort cruelle environne !
O lis , qui vous a profanés ?

Reviens, antique monarchie,
Avec nous renais à la vie ,
Rends-nous tes beaux jours fortunés.

Le Génie de la France.

J'HABITE ici , sous ces feuillages sombres ;
   Parmi les cœurs purs , innocens;
   J'entends vos deuloureux accens,
   Et les soupirs des tristes ombres.
Vous avez lieu de pleurer et gémir ,
Et vos esprits vont , sans doute frémir.
Apprenez donc que la mort , que la guerre ;
Tous les fléaux qui désolent la terre ,
Quand les humains ont irrité les Dieux ,
Long-tems encor peseront sur vos têtes.
Que de débris! de volcans! de tempêtes!
Quels flots de sang roulans dans tous les lieux !

A ce discours qu'anime le Génie
   Du ton , des gestes et des yeux ,
   La troupe tend les mains aux cieux ;
La France émue, en sanglottant s'écrie :
Contre ce peuple, ah ! jusqu'à quand, Seigneur,
Jusques à quand , Dieu terrible et vengeur ,
Veux-tu lancer tes carreaux et tes foudres ?
Veux-tu nous perdre et nous réduire en poudre ?
Quoi ! les soupirs du juste et des humains
Ne pourraient plus désarmer ta vengeance ;
Epargne au moins les restes de la France ,
Et regarde en pitié tant d'innocentes mains.

Le Chœur.

NON, non, que ce Dieu si terrible
Ne mette point bas son courroux ;
Nous nous présentons à ses coups :
Qu'il frappe en sa fureur horrible.
   Que faire ici, grands Dieux !
   Tout nous est odieux ,
Lorsque l'impie , avec sa république ,
Désole tout sous son joug tyrannique ,
   Cimenté de sang , de forfaits.
   O morts, nous vous portons envie.
   Pends , Seigneur , une triste vie,
   Echange-la contre ta paix !

Le Génie.

Montrez , Francais , un plus noble courage ;
   Espérez au Dieu des Clovis.
   Vous verrez refleurir ces lis ,
Un ciel serein succéder à l'orage.
Oui , les Français un jour désabusés,
Rappelleront leurs princes déposés.
Alors un roi , tel qu'après les tempêtes
Un beau soleil, qui ramène les fêtes ,
Ange de paix, prince réparateur ,
De son empire en balançant les rênes ,
Fera cesser la discorde et les haînes ,
Et sera dit des lis le second fondateur.

Fait en 1799.

ADIEUX
DE MADAME ROYALE
Quittant la France, en 1795.

Eh quoi! mes yeux, vous pleurez quand je quitte
Le sol brûlant d'une terre maudite,
Quand je m'arrache à ces lieux dévorans
Où fume encor le sang de mes parens,
Où l'on ne voit que vengeance et que haînes,
Que des gibets, des prisons et des chaînes!
A cet enfer, qui peut vous attacher?
Pourquoi vos pleurs viennent-ils me toucher?
  Pourquoi venir troubler mon être
  Au moment où je crois renaître
    A l'espoir, au repos,
    A l'oubli de mes maux?

Ce noir réduit, cette affreuse démeure
Où la terreur et la mort, à toute heure,
Environnaient partout mes jeunes ans
Et d'épouvante, et de soucis cuisans,
Et d'où j'ai vu, trop malheureuse fille!
Malgré mes cris, mes parens, ma famille
Par des bourreaux entraînés à la mort :
Qui le croira? ces verroux à ressort,
  Ces lieux arrosés de mes larmes,
  Ne sont pas encore sans charmes;
    Et malgré moi, mes yeux
    Cherchent ces tristes lieux.

O sol natal , charme de la patrie !
A ton aspect je me sens attendrir :
Terre de France , ô vallons, ô forêts,
Fleuves , ruisseaux , montagnes et guérets ;
Mon cœur vous laisse, en partant, son hommage;
Beaux champs , je vais emporter votre image ;
Arbres , roseaux , sites rians et doux ,
Je languirai tristement loin de vous.
   Partout ailleurs , pauvre exilée !
   Mon ame toujours désolée
      Ne vivra qu'en l'espoir
      Un jour de vous revoir.

NON , tu n'es point de toi-même barbare ,
Peuple Français ; on t'aveugle , on t'égare.
Non , tu n'es point sanguinaire , inhumain :
Ils ne sont point l'ouvrage de ta main ,
Tous ces forfaits dont frissonne le monde.
Le même ciel , l'air et la terre et l'onde ,
Les mêmes lois et les mêmes autels
Nous ont uni par des nœuds immortels.
   Puis-je aux miens vouer de la haîne ,
   Et de ces nœuds rompre la chaîne ?
   Non , mon cœur tout français
      Les resserre à jamais.

SI je pouvais , libre de violence ,
Suivre à mon gré de mon cœur l'influence ,
Fixer enfin ma retraite à mon choix ,
O bons Français , la fille de vos rois
Préférerait , à ce sol enchaînée ,
S'associer à votre destinée.
Que j'aimerais partager vos douleurs !
Pleurer ensemble aurait tant de douceurs !

Oui, je préfère vos masures
Aux palais ornés de dorures,
Et vos tristes débris
Aux superbes lambris.

HÉLAS ! hélas ! malgré mes cris, mes larmes,
O beau séjour ! on m'arrache à tes charmes.
Arbres et champs, vous semblez fuir, eh ! quoi !
Vous délaissez l'enfant de votre roi ?
Arrêtez-vous, ô coursiers trop rapides,
Près de ces bords, de ces ondes limpides.
Ah ! que je foule encore de mes pas
Le sol natal : ne me refusez pas
Au moins cette grace dernière ;
Je veux baiser cette poussière,
Et faire mes adieux
Aux pénates mes Dieux.

O sables chers, de ma bouche tremblante
Conservez bien cette empreinte brûlante.
Pierres, rochers, villes, cités, hameaux,
Morts et vivans, paisibles animaux,
O terre, ô ciel, écoutez-moi : je jure
Par ce soleil, par toute la nature,
Qu'à grand regret je m'éloigne de vous,
Tendres objets dont l'aspect m'est si doux ;
Que, partout, vous aurez sans cesse
Mes vœux, mon cœur et ma tendresse............
Je ne vois plus, ô cieux !
Les pleurs gagnent mes yeux.

Fait en 1796.

CHUTE DE BONAPARTE.

QUELS sont ces cris de mort et de fureur ?
L'univers tremble et frisonne d'horreur.
Eh ! quoi ! c'est Mars, c'est le dieu de la guerre,
Sa voix, au loin, gronde comme un tonnerre ;
  Son bras pâle et sanglant
  Brandit l'acier tranchant
 Qui frappe et ravage la terre,
 Confond les générations
 Et moissonne les nations.
Son farouche regard glace tout d'épouvante,
 Et des feux noirs, en d'épais tourbillons,
 Sortent du fonds de sa bouche sanglante.

LES Goths, les Huns, Vandales et Normands
L'ont bien servi dans ses emportemens :
Mais le fléau, mais le monstre insulaire,
Que nous vomit Thétis dans sa colère,
  Laisse loin Alaric,
  Attila, Genseric.
 Il ne connaît, il ne révère
 Qu'un dieu, le dieu de la terreur :
 Il puisa, dit-on, dans son cœur
Ce feu qui le consume et le remplit de rage ;
 Il y puisa cette sombre fureur,
 Qui se repaît de pleurs et de carnage.

EST-IL un peuple en ce vaste univers,
Où sont semés tant de Peuples divers,
Qui n'ait gémi sous son bras despotique ?
L'Europe entière, et l'Asie, et l'Afrique
    Devant ses bataillons
    Et ses fiers pavillons
  Tremblaient, et leur valeur antique
  N'existait plus qu'en souvenir.
  O deuil ! ô sinistre avenir !
Ce vainqueur insolent, en son orgueil extrême,
  S'il avait pu jusqu'au ciel parvenir,
  Aurait bientôt fait la guerre aux Dieux même.

MAIS l'Eternel qui balance en ses mains
Les biens, les maux et le sort des humains,
Quand il lui plaît, brise un cédre superbe,
Comme il flétrit aux champs la fleur et l'herbe.
    Le Corse a des revers......
    Voici qu'en l'univers
  Sa fin va passer en proverbe :
  Il fuit, comme un tigre blessé,
  Traînant le dard qui l'a percé,
Battant ses flancs meurtris, rugissant lorsqu'il entre,
  les yeux hagards et le poil hérissé,
  Cacher sa honte en le fond de son antre.

ELLE a sonné l'heure de son réveil;
L'Europe accourt en tout son appareil :
Depuis Gadès jusques dans l'Hybernie,
Chez le Sarmate et dans la Germanie,
    Tout s'écrie en jurant :
    « Périssé le tyran
  » Et périsse la tyrannie;
  » Brisons nos chaînes et nos fers,

» Précipitons dans les enfers
» Le monstre qui s'engraisse et de sang et de larmes;
» Quand ils auront affranchi l'univers,
» Nos bras armés déposeront les armes ».

DÉJA les rois, déjà les potentats,
Abandonnant leurs palais, leurs états,
De légions ont couvert nos frontières.
    Leurs mains ne sont point meurtrières;
        Ne les crains pas, Français,
        Les symboles de paix
    Flottent autour de leurs bannières.
    Vois-tu ces Lis, vois-tu ces Croix,
    Ces *insignes* de nos bons rois?
Viens, reconnais leurs traits, viens reconnais tes princes,
- Tombe à genoux et rentre sous leurs lois,
    Quand les Bourbons rentrent dans leurs provinces.

ILS ont pour eux cinq lustres de malheurs,
Un long exil et ses vives douleurs;
Ils ont les Dieux et leurs lois adorées,
Les mânes chers, les images sacrées
        Des Bourbons, des Valois,
        Leurs ayeux et nos rois;
    Ils ont mille ombres vénérées,
    Les Condé, les Montmorency,
    Les Luxembourg et les Coucy;
Ils ont (courez, Français, suivez ces beaux modèles)
    D'un roi proscrit les généreux amis,
    De ses revers les compagnons fidèles.

COMBIEN de vœux, de pleurs, depuis long-tems,
Que de sujets fidèles et constans
Vous appelaient, princes, à l'héritage

Qu'a désolé le plus funeste orage ?
            Des ruines de Sion
            Sort la Religion ;
      La joie éclate en son visage :
      « Venez, princes, mes fils aînés,
      » Vous serez de lis couronnés.
» Comme ils vont refleurir ! ô divine alliance !
      » La Croix, les Lys, ensemble détrônés,
      » Viennent reprendre ensemble leur puissance. »

PARAISSEZ donc, montrez-vous à nos yeux,
Et reprenez le rang de vos ayeux,
Beaux rejetons de souche couronnée,
Ciel ! échappés aux coups de la cognée,
            Qui fit rouler en bas,
            Avec tant de fracas,
      Le trône et la cime sacrée.
      O prince du sang de Henri,
      Vous rappelez un nom chéri,
En voulant, comme lui, régner par la clémence.
      Cœur de Bourbon fut-il jamais aigri ?
      C'est un foyer de pure bienveillance.

VA, tyran, va, tombe aux pieds de ton roi,
      Toi-même encor peux implorer sa foi.
      Veux-tu traîner dans ta chûte aux abîmes
      Tous ces débris échappés à tes crimes ?
            Entends crier le sang
            De ce prince innocent,
      La plus noble de tes victimes !
      Entends ces douloureux accens.....
      Entends *Rachel*, quels cris perçans !
Excepté dans ton cœur, partout ils retentissent ;
      Partout, hélas ! des vieillards languissans,
      Des orphelins, des veuves te maudissent.

NON, il n'entend que sa noire fureur ;
A son secours il mande la terreur :
Partout il cherche à répandre sa rage
Sous les beaux noms d'honneur et de courage.
    Il ramasse artisans ,
    Nobles et paysans ,
  Hommes de tout rang , de tout âge :
  Tous les arts sont abandonnés ;
  Les champs ne sont plus sillonnés ;
Par l'honneur et les Dieux, on crie, on crie aux armes.
  Mais , ô patrie ! ô saints noms profanés !
  Tout est muet et d'horreur et d'alarmes.

LE voilà donc sur son char combattant ,
Avec la mort et son drapeau flottant.
Il a devant l'enfer et ses bannières ,
Les légions à pas incendiaires ,
    Les mains des Mucius ,
    Les bras des Cassius ,
  Les Marat , les Robespierres.
  On pousse après lui des soldats ,
  Maudissant l'auteur des combats.
Foule de malheureux , époux , ou fils , ou pères
  Tournant les yeux en pleurs , à chaque pas ,
  Vers leurs foyers , leurs amis et leurs mères.

QUOI ! vous osez combattre dans ces rangs !
Vous défendez le crime et les tyrans !
Répondez-moi , le pur sang de vos pères
A-t-il tari , nobles , dans vos artères ?
  Il n'est donc plus d'honneur,
  Et chacun , sans pudeur,
  A méconnu ses loix austères.
  Que faites-vous , pauvres Français ?

Qu'espérez-vous de vos succès !
Vous osez ranimer une horrible vipère ;
Qui, de nouveau, pour prix de vos bienfaits,
Vous lancera les dards de sa colère.

Ainsi donc Mars, rallumant les combats,
Brise et détruit des moissons de soldats ;
Jà le tyran se pavane de gloire,
Et de son char proclame la victoire.
O coup affreux du sort !
Oh ! fuyez, jours de mort,
Otez-vous de notre mémoire.
La paix, les lois, l'humanité,
La foi, les mœurs et l'équité
Gémissent de nouveau, de crêpe environnées.
Jà tout l'enfer de sa gloire enchanté,
En traits de sang trace nos destinées.

Il fuit, ô ciel ! par les siens entraîné !
Mais, comme l'ours qui craint d'être enchaîné,
Et qui se roule en des flots de poussière,
En allongeant sa griffe meurtrière :
De son corps frémissant,
Terrible et rugissant,
Il dresse la longue crinière ;
Puis le monstre va, furieux,
Se précipiter en tous lieux :
Il déchire, il dévore en son aveugle rage :
Malheur à qui vient s'offrir à ses yeux ;
Sang et lambeaux signalent son passage.

Que de fureur ! que de sang répandu !
Jamais démon s'est-il mieux défendu ?
Grand Dieu ! mets fin à cet affreux carnage,

Ou c'en est fait du monde ton ouvrage....
    Qu'entends-je ? Dans Paris,
    Quel changement ! Quels cris !
    Aux Bourbone tout va rendre hommage ;
    Tout rentre sous l'ancienne loi.
    Vive Louis ! vive le Roi !
Des cités dans les camps ces beaux noms retentissent;
    Le tyran tombe, il a pâli d'effroi,
    Chefs et soldats à sa chûte applaudissent.

Il a passé ce barbare Attila.
Tout l'univers, que son joug accabla,
Voit ce colosse au sein de la poussière,
Qu'il vit si haut lever sa tête altière ;
    Dans ses transports joyeux,
    Il en bénit les cieux
    Au nom de la nature entière.
    Chacun, dans son étonnement,
    Répète avec enchantement :
« Elle a tombé d'en-haut, la grande Babylone,
» Elle a tombé dans l'abime, en traînant
» Tous les forfaits, tous les maux et Bellone. »

O LOUIS SEIZE ! ô Roi dont les revers
Et la grande ame ont touché l'univers,
Ta fin tragique, en passant dans l'histoire,
Du nom Français aura taché la gloire,
    Quand de ton noble cœur
    La bonté, la candeur
    Nous feront chérir ta mémoire.
    Tu vis nos maux, du haut des cieux ;
    Tu daignas implorer les Dieux
Pour tant de criminels dignes de tout supplice ;
    Comblant enfin des vœux chers à leurs yeux,
    Ils ont laissé désarmer leur justice.

SUR ces monceaux de débris hérissés
de chefs de rois et de sceptres brisés,
Sur ces monceaux de morts et de victimes ;
Où la vertu se voit mêlée aux crimes,
Le prince aux factieux,
Le messager des cieux,
Qui comble et creuse les abîmes,
Descend et crie à haute voix,
Ecoutez bien, sujets et rois :
« Malheur à qui méprise, outrage l'innocence ;
» Et ne suit plus la justice et ses lois ;
» N'oubliez plus les Dieux et leur vengeance. »

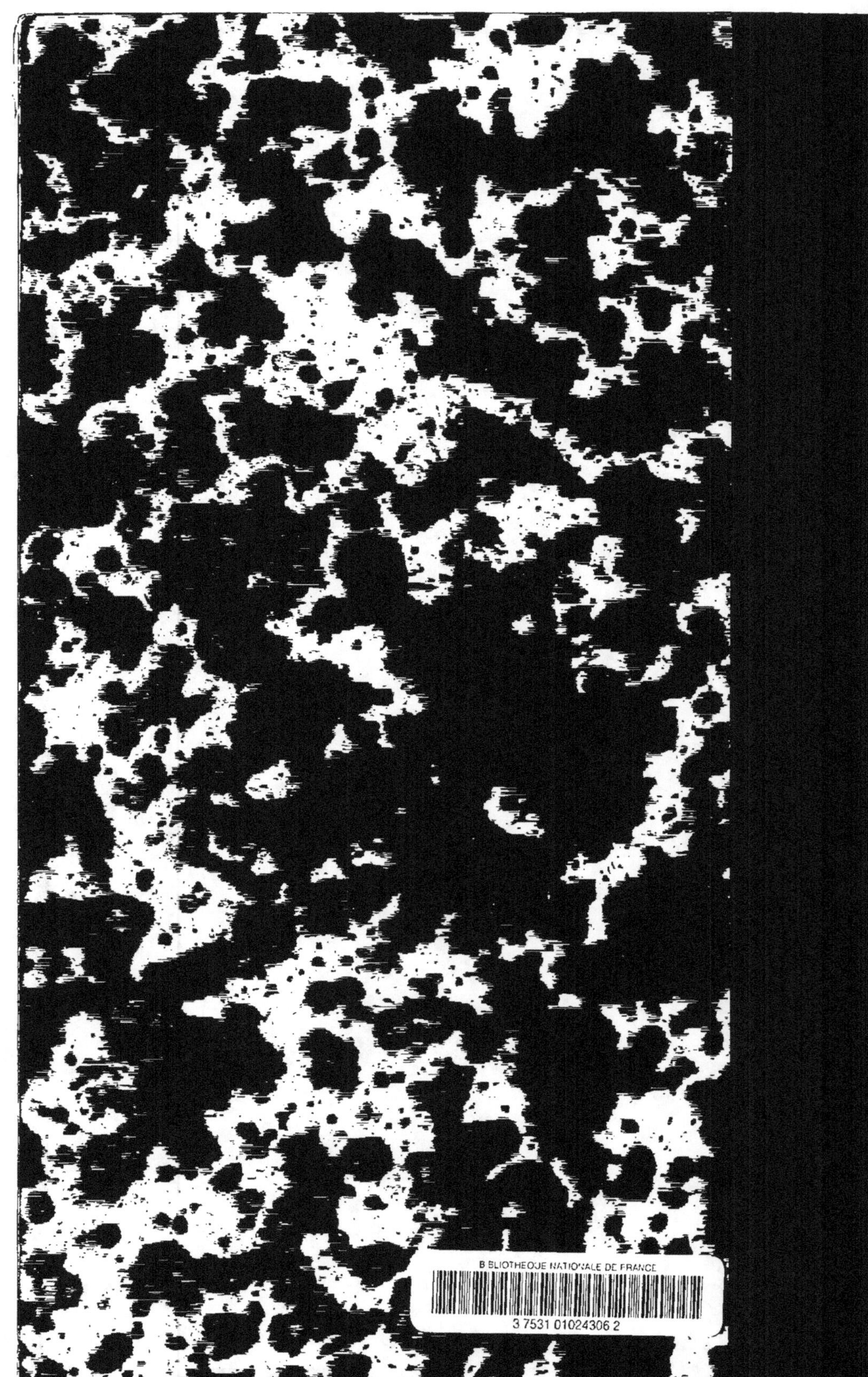

9 782013 352178